「水素社会」はなぜ問題か

究極のエネルギーの現実

小澤 祥司

1章 夢の燃料……2
2章 トヨタ対テスラ……17
3章 やっかいな元素……32
4章 原子力水素……52
おわりに――ポストクルマ社会の議論を……72

岩波ブックレット No. 931

1章　夢の燃料

二一世紀のエネルギー

二〇〇一年の初夏、オランダの首都アムステルダムに自然エネルギーの見本市を見に行った。巨大な発電風車のブレード（羽根）や種々の太陽光発電パネルなど当時最先端の自然エネルギー機器の展示にまじって、会場の一角に学習教材を扱う会社のブースがあった。そこで展示されていた実験キットに私は目を奪われた。黒いプラスチック台の一端に太陽電池、他端には小さなモーターとその先にプロペラがはめ込まれ、中央には透明な液体が入った二本のシリンダーがあり、二つの素子がシリコンチューブでつながっている。太陽電池とモーターは、それぞれの隣にある素子に電気ケーブルで接続されていた（写真1-1）。太陽電池にはスポットライトが照射されてプロペラが勢いよく回っていたのだが、説明員がスポットライトを消してもプロペラは回り続けた。

シリンダーに入った液体は精製水、二つの素子は小さな燃料電池、正確に言うと固体高分子型燃料電池（PEFC）だという。PEFCは水素から電子を取り出し酸素と反応させて発電する素子だが、逆に燃料電池に電圧をかけると水を水素と酸素に分解することができる（3章で詳述）。つまり、この装置は太陽電池の電気で分解した水素と酸素を再び反応させて電気を起こし、モーターを回しているのだった。

直感的に面白いと思い、帰国してから航空便で取り寄せた。輸送料やら為替手数料やらを加えると全部で五万円くらいかかったと記憶している。届くとさっそく薬局で買ってきた精製水をシリンダーにセットし、日なたに持ち出して試してみた。電気分解用の燃料電池からはさかんに気泡が発生し、両方のシリンダーに気体が溜まっていく。その比率は二対一、一方は水素で他方は酸素だ。ある程度溜まったところで発電側の燃料電池にモーターの電極をつなぐと、プロペラは勢いよく回り出した。シリンダーの中の水素と酸素が、もう片方の燃料電池で再び出合い、今度は電気を起こしているのだ。このような装置があれば、太陽光で(もちろんそれ以外の自然エネルギーでも)つくった水素で発電して動力が得られる。出るのは水だけ、もともとが水なのだからまた元に戻るだけだ。まさに〝未来〟を見る思いがした。

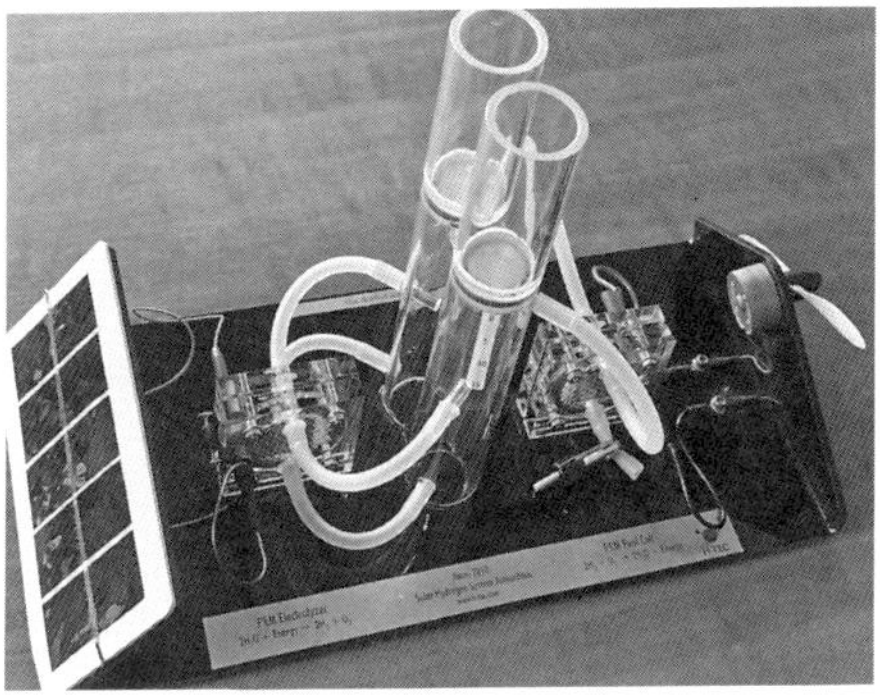

写真 1-1　太陽電池と組み合わせた燃料電池実験キット

しかしその興奮は長く続かなかった。

この実験キットは、太陽光→電気→水素→電気→動力というエネルギー変換プロセスを経てプロペラを回している。問題はこの→の部分でそれぞれ〝エネルギー損失〟が生じることだ。試しにモーターの電極を直接太陽電池につないでみると、当然のことだがプロペラは回った。それなら太陽光→電気→動力というプロセスとなって、矢印の数は二つ少ない。間に燃料電池をはさむことで、かなりのエネルギーが無駄になっているのではないか？　精製水をつくるにもエネルギーが要る。水素に変えることによって日が陰っても、あるいは家の中に持ち込んでも、プロペラを回すことができるようになるが、シリンダーに溜まった水素は何時間かおいておくと漏れ出てしまった。電気を溜めておくだけならばバッテリーでも間に合うだろう。

当時、燃料電池や水素は次代をになうエネルギーとしてもてはやされていた。それゆえに私もこの実験キットに飛びついたわけだが、それは図らずも水素や燃料電池について冷静に考えるきっかけを与えてくれたのだった。

〝汚い〟燃料から〝きれいな〟燃料へ

数十万年前、私たちの祖先が手に入れた火は薪、つまり木材を燃料にしていた。その主な構成物はセルロース、ヘミセルロースと、それらを固めているリグニン。いずれも炭化水素と呼ばれる化合物の中でも複雑な構造をしている。ずっと時代が下って、次に人類が手に入れたエネルギー源は燃える石＝石炭であった。最も品質の良い無煙炭では、炭素の含有率は九〇％以上になる。さらに最近になって人類は石油を掘り出して使うようになった。成分は炭素の数が比較的少ない鎖状あるいは環状の化合物が中心だ。最後に炭化水素の中で最もシンプルな天然ガス——主成分はメタン（CH_4）——が使われるようになった。いずれも太古の生物由来であることから「化石燃料」と呼ばれている。

化石燃料の用途として大きなものは、発電燃料と自動車燃料である。どちらもいまのわれわれの生活に不可欠なもので、便利で豊かな社会の象徴でもある。世界中で燃やされる石炭の五九％、石油の七％、天然ガスの三六％が発電に使われる一方、自動車はほとんどが石油から精製されるガソリンや軽油を燃料に走っている。

化石燃料（炭化水素）が燃えるときには、熱と二酸化炭素（CO_2）と水（H_2O）が生じる。燃料に含まれる炭素の比率が小さいほど、燃焼させたときに地球温暖化をもたらすCO_2の排出量が相対的に少ない。したがって石炭より石油が、石油より天然ガスが、環境負荷の少ない〝きれいな〟燃料だとされる。

CO_2を〝汚さ〟の指標にした場合、炭素を含まない燃料は究極の〝クリーン燃料〟となる。それが夢のエネルギー「水素（H_2）」だ。

神秘の島

『海底二万マイル』や『八〇日間世界一周』で知られるフランスの作家ジュール・ヴェルヌが一八七四～七五年にかけて発表した海洋冒険小説『神秘の島（L'île mystérieuse）』の中に、燃料としての水素が早くも紹介されている。

南北戦争（一八六一～六五年）のさなか、気球が流されて太平洋の無人島に不時着した男たちは、島内から石炭を含むさまざまな資源を見つけ出し、彼らの持つ知識と技術を駆使して生活の基盤を築きあげる。南半球にあるこの島の冬は厳しい。石炭の火の燃えさかる暖炉を前に男たちは文明の行く末について語り合う。発展する文明はやがて終末を迎えるのではないか。このまま石炭の需要が高まれば、いずれ掘り尽くされてしまうだろう。石炭がなければ、機械も鉄道も工業もなく、文明を維持することもできない。それに対して男たちのリーダーである技師のサイラス・スミスは答える。水がある、水を電気分解すれば水素が得られ、尽きることがないエネルギー源になる、と。

この小説が書かれたころは石油の機械掘りが始まったばかりで、欧米では燃料の主力は石炭だった。その枯渇がすでに意識されていたというのも興味深いが、掘削され始めた石油ではなく水素が将来のエネルギー不足を解消する夢のエネルギーとして語られているのはなお興味深い。

宇宙の根源的元素

水素は宇宙でもっとも豊富に存在する元素である。宇宙の質量の七〇%以上を占め（ただし未知のダークマターを除く）、そのほとんどはわが太陽をはじめとする恒星に集中している。恒星の発するエネルギーは、水素どうしが超高圧下でぶつかり合って核融合することで生まれる。

宇宙全体で見ればこれほど豊富な水素だが、残念なことに、地球上に元素単体（H）で、あるいは分子（H_2）として、水素はほとんど存在しない。否、存在しえないというべきだろうか。誕生間もない地球の大気中には水素分子が存在したと考えられている。しかし宇宙でもっとも軽い元素である水素は、ほどなく地球の引力の束縛を逃れて宇宙空間に抜け出し拡散してしまった。地球が持つほどの引力では水素を大気圏にとどめておけないのである。

一方で水素は反応しやすいため、さまざまなものと結びついて存在している。石油や天然ガスにはもちろん、私たちの活動エネルギー源である糖やでんぷんや脂質、からだを構成するたんぱ一九世紀は電磁気学や熱力学が確立され大きく発展した時代だった。それは後に、エジソンやテスラ、ダイムラーやベンツやフォードといった発明家・実業家たちによって実用技術・製品として開花し、二〇世紀の文明をかたちづくっていく。

石油の時代

『神秘の島』を書いたとき、ジュール・ヴェルヌの頭の中には、水の電気分解はもちろん、グローブのガス電池のこともあったに違いない。もちろん採掘が始まった石油のことも知っていたはずだ。しかし、ヴェルヌは登場人物に、石油がある、とは語らせなかった。未来のエネルギー源として水素の方が魅力的に見えたのだろうが、ほかにも理由がありそうだ。ヴェルヌは、石油が動力に使われるようになることを想定していなかったのかもしれない。当時の石油の主な用途は、家庭で使われるランプの燃料＝灯油だったのである。

そのころ内燃機関（エンジン）はまだ開発が始まったばかりだった。ましてや自動車は登場していなかった。ドイツでニコラス・オットーが二サイクルエンジンを発明したのは一八六七年、さらに画期的な四サイクルエンジンを開発したのは一八七六年。カール・ベンツが独自に開発した二サイクルエンジンを積んだ世界初の自動車、モトール・ヴァーゲンを発明するのは一八八六年である。それは石油から灯油を精製するときに生じる、揮発性の強い液体＝ガソリン（当時はしみ抜き剤として薬局で売られていた）を燃料としていた。その二年後、カールの妻ベルタは、改良を施したモトール・ヴァーゲン3号車に乗り、世界初のドライブを敢行した。彼女は二人の息子を乗せ、一〇〇キロ余りの道のりを日中一杯かけて——途中で燃料が切れると薬局にガソリンを買いに走り、切れたチェーンを鍛冶屋で直してもらいながら、それでも馬車よりわずかに速く——走ったという。

その自動車は二〇世紀になり爆発的な普及を見せる。自動車の大衆化に貢献したのはアメリカのヘンリー・フォード。自動車文明はアメリカから世界に波及し、二〇世紀を代表する消費財、かつ自由と富の象徴になった。自動車産業は先進国一国の経済を支えるほどの巨大産業に成長した。第二次世界大戦後には自動車の大衆化が進み、自動車なしでは日常生活も成り立たないほどになった。いまや世界中で一一億五〇〇〇万台の自動車が走り(二〇一二年)、エネルギー消費の三分の一を占める。石油から精製されるのは灯油ではなくガソリンと軽油が主流となり、あらゆる町や村に、そのインフラ網が張り巡らされている。

しかし、その自動車文明にはつねに負の側面がつきまとってきた。一つはその安全性＝事故の問題。そして排気ガスによる大気汚染の問題。さらに一九九〇年代になって顕在化してきたのが地球温暖化(気候変動)問題である。石油資源の枯渇(その当時はせっかく掘った油井が数年で枯れてしまうことも少なくなかった)も、その採掘のはじまりから一攫千金を夢見る投資家たちの頭痛の種であった。

燃料電池の発展

燃料電池の原型が発明されたのは自動車の推進機構である内燃機関(エンジン)の発明より早か

ったにもかかわらず、燃料電池の方は実用化が遅れた。発電にもファラデーの考案した回転式の発電機が使われ、普及していった。燃料電池の研究はその後も続けられていたが、いずれの方式も課題が多く、長い間実験室を出ることはなかった。

第二次世界大戦後になってようやく、燃料電池の本格的な実用化へ向けた研究が始まる。一九五二年、イギリスのフランシス・T・ベーコンが「ベーコン電池」と名づけた燃料電池の特許を取得する。ここから宇宙開発への燃料電池利用が始まった。

七〇年にアメリカが打ち上げた月着陸宇宙船アポロ13号の事故によって、燃料電池という言葉が知られるようになった。月に向かっていたアポロ13号は、酸素タンクが爆発・損傷したため、計画を変更して地球に帰還することになった。その酸素が燃料電池にも使われるものであったことから、緊迫した状況を刻々と伝えるニュースとともに「燃料電池」という言葉がメディアでたびたび取り上げられたのである。アポロ計画で使われたのは、ベーコン電池を原型としたアルカリ電解質型燃料電池（ＡＦＣ）だった。

一方、アイゼンハワー大統領が、核エネルギーを民生目的にも利用しようという「核の平和利用」を打ち出したのは一九五三年暮れ、五四年には日本の国会で、当時改進党所属の中曽根康弘衆議院議員ら超党派議員四名によって提出された初めての原子力関係予算が成立した。ベル研究所でピアソンらによりシリコン太陽電池が発明されたのも、同じ五四年だ。五七年にはデンマークのヨハネス・ユールが現在の発電風車の原型となる三枚翼・交流発電の風車を開発している。第二次世界大戦終了後一〇年前後のこの時期は、さまざまな「新しいエネルギー」が実用化に向けて胎動した時期でもあった。

燃料電池への期待

その後半世紀以上たって、原子力や風力、太陽電池などによる発電は実用化され広がったとはいえ、現在もなお主力は、石炭、石油、天然ガスの燃焼熱を利用して動力を得、発電機を回転させるものである。こうした熱機関によるエネルギー変換方式では、カルノーの定理の制約を受け、最大効率は高温側と低温側の温度差によって決まってしまう。システム内部での損失、システムを運転するためのエネルギー消費もあり、原子力発電の場合、投入されたエネルギーが電気に変わる効率は三〇〜三五％程度だ。超高温で運転するガスタービンでは五〇％を超えるものもある。

一方、燃料電池は、化学エネルギーを直接電気に変えるためカルノーの定理の制約を受けない。したがって、理論上は高い変換効率が期待できる。ただし、温度上昇による効率低下、燃料の漏れや電池内部の抵抗による損失、水素や空気（酸素）を送り込むファンなどシステム内部でのエネルギー消費もあり、実際の変換効率は理論通りにはならない。

燃料電池は電解質として何を使うかによって表1-1のようなさまざまなタイプがある。宇宙船で使われてきたアルカリ電解質型燃料電池（ＡＦＣ）は高効率だが燃料に純水素、純酸素が必要という制約があり、コストも高いため民生用には普及していない。リン酸型燃料電池（ＰＡＦＣ）は一九七〇年代後半から実証試験が始まり、九〇年代以降小型〜中型の発電システムが工場などの自家発電電源として設置された。溶融炭酸塩型燃料電池（ＭＣＦＣ）や固体酸化物型燃料電池（Ｓ

表 1-1　主な燃料電池の方式と特性

アルカリ電解質型(AFC)	宇宙用電源として開発．実用化は最も早かった．電解質は水酸化カリウム．触媒はラネーニッケルや白金．低温で作動し発電効率は70％以上と高いが，燃料は純水素，酸化剤は純酸素が必要で，一般用途には普及していない．
リン酸型(PAFC)	電解質にリン酸水溶液，触媒に白金を用いる．燃料は水素，酸化剤は酸素(空気でよい)．作動温度は200℃前後．定置型発電システムとして1990年代から実用化されている．発電効率は40％程度．
溶融炭酸塩型(MCFC)	電解質は炭酸リチウム-炭酸カリウムまたは炭酸リチウム-炭酸ナトリウム．燃料には水素のほか一酸化炭素も使える．作動温度が600〜700℃と高い代わりに触媒を必要としない．発電効率は45％程度．
固体酸化物型(SOFC)	電解質は酸化ジルコニウム．燃料には水素のほか一酸化炭素も使える．作動温度は700〜1000℃．触媒を必要としない．定置型電源，小型可搬電源などとして開発が進められている．発電効率は50％以上と高い．
固体高分子型(PEFC)	電解質は固体高分子イオン交換膜．触媒は白金．水素を燃料とし，酸化剤は酸素(空気)．作動温度は60〜80℃．イオン交換膜の進歩により高出力が可能になり実用化が進んだ．定置型電源，自動車用燃料電池として採用されている．発電効率は40〜50％．

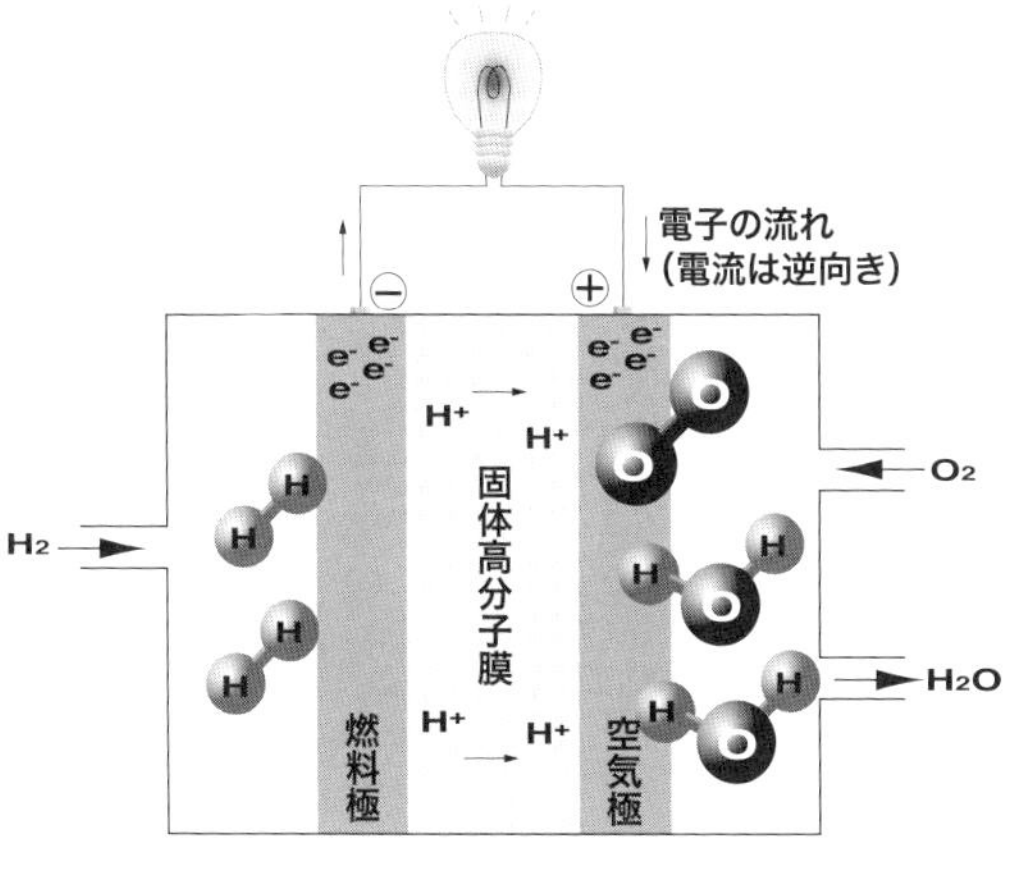

図 1-2　固体高分子型燃料電池(PEFC)のしくみ

OFC）は高温で作動し、触媒を必要としない、効率が高い、水素だけでなく一酸化炭素（CO）が燃料として使えるなどのメリットがあり、大規模発電用としてだけでなく家庭用の小型電源としても実用化が進められている。

固体高分子型燃料電池（PEFC）は、発電効率やコスト面で課題があったが、低温で作動するため起動時間が短く小型軽量化も可能なことから自動車用の駆動電源として期待され、九〇年代から急速に研究開発が進んだ。家庭用の小型コジェネレーションシステム「エネファーム」としても実用化されている。本書でおもにテーマにするのはこのPEFCである。このほかにメタノールを改質しないで燃料に使えるダイレクトメタノール燃料電池（DMFC）が小型モバイル電源として一時注目されたが、市販には至っていない。

前頁の図1-2はPEFCの構造としくみを簡単に図解したものだ。燃料電池の燃料極では水素から電子が離れてイオン化し、電解質（固体高分子膜）の中を移動して空気極へと移動する。燃料極（マイナス）と空気極（プラス）を結んでやれば、電子は空気極へ流れ込んでいく。そこで水素イオンと電子が酸素と出合い、反応して水を生じる。火力発電とは異なり、エンジンもタービンもないので静穏で、潤滑油にまみれることもなく、排気ガスも発生しない。しかも小型でも効率が高い。燃料電池が科学者・発明家たちの夢を惹《ひ》きつけてやまなかったこともよく理解できる。

その名はミライ

二〇一四年一一月一八日、トヨタ自動車（トヨタ）の新型乗用車が華々しいデビューを飾った。

発表された四人乗りセダンの名前は「ミライ」（写真1-2）。その姿は、一見ふつうのクルマと変わらない。しかし正面からみると、通常よりも大きなエアインテーク（空気取り入れ口）が、フロントノーズ下部そして両端のヘッドランプ下に配置されている。

ミライの駆動力をつくり出すのは、ガソリンや軽油を燃料とするエンジンではなく、電気で回るモーター。そして、モーターを回すために積まれているのは燃料電池、あのPEFCだ。

先述のように、燃料電池は水素を空気中の酸素と反応させて発電するため、出るのは水だけだ。水素の当面の原料は天然ガス（メタンが主成分）が主力だろうが、石油や石炭からも、電気分解を使えば無尽蔵とも言える水からも、取り出せる。もし自然エネルギーで発電した電気で水を分解するなら、燃料電池自動車（Fuel Cell Vehicle、FCV）はまさに〝究極のクリーンエネルギーカー〟である。しかもミライの燃料電池は家庭の電源としても使うことができる。燃料の水素が満タンなら、災害時などに一週間分の電気が自給できるのだ。

写真1-2　2014年12月に発売された燃料電池自動車ミライ
出典：トヨタ自動車

記者発表会の冒頭に公開された映像の中で、トヨタの豊田章男社長は「自動車の歴史を大きく変えるターニングポイント」だと誇らしげに語った。

「エコだからといって走る楽しさを諦めない」。発表会で加藤光久副社長はそう力を込めた。その言葉にはトヨタの自動車に対する思い入れが反映されている。いや国内外の大手自動車メーカーの経営者や技術者たちは、多かれ少なかれそのように思っているだろう。

発表されたミライの価格は七二三万円、国や自治体の補助金を使えば四〇〇万円強で買える。本田技研工業(ホンダ)も、一六年三月に「FCVクラリティ」を発売、トヨタを追いかける。日産自動車(日産)も一七年にFCV発売を計画している。

『神秘の島』から一四〇年後、私たちはいよいよジュール・ヴェルヌの予言した未来に足を踏み入れたのだろうか?

2章　トヨタ対テスラ

クルマ社会

前世紀の二つの世界大戦は、石油による石油のための戦争だった。自動車の技術を応用した兵器が実用化されて実戦で使われたが、そのために石油は不可欠の戦略資源となった。アジア太平洋戦争における日本の開戦と敗戦もまた石油と大きく結びついていた。

敗戦後の日本は、朝鮮戦争の特需をきっかけに、奇跡の経済成長を遂げる。その牽引役の一つが自動車産業であった。日本の自動車メーカーのいくつかは、軍需産業の解体から出発した。

その中で相変わらずつきまとってきたのは、自前のエネルギー資源を持たないという弱みだった。高度成長時代、エネルギーの中心は国産の石炭から、中東の安い石油へとシフトしていったが、海外依存率が高まり、日本のエネルギー需給構造は脆弱なものになった。それが顕著に現れたのが、一九七三～七四年の第一次オイルショック。石油の価格が一気に四倍にもなり、日本の経済も社会も大混乱に陥った。なにしろ当時の一次エネルギー供給に占める石油依存率は八割近かった。オイルショックをきっかけに代替エネルギーの研究開発、省エネルギー対策が進む一方、普及期を迎えた原子力は「準国産エネルギー」として位置づけられ、各地に次々と原子力発電所が建設され、運転を始めていった。

こうして電源における石油の比率は徐々に低下していき、「エネルギー源の多様化」には一定の成果が上がったように見えた。しかし、急速に普及が進んだ自動車の燃料は、ガソリンや軽油がほぼすべてだった。

自動車の普及は、地方から鉄道やバスなどの公共交通機関＝弱者の足を奪っていった。「遠くへ速く」とばかり、全国に高速道路やバイパスといった高規格道路が張り巡らされた。自動車と道路網＝公共事業はお互いを補いあいながら発展してきたが、その根本＝エネルギー問題に関しては脆弱なままで、石油価格の影響をまともに受け続けてきたのである。

電気自動車という選択肢

実は自動車が産業化した一八九〇〜一九〇〇年代初めにかけては、三つの動力方式が共存していた。蒸気自動車、内燃機関（エンジン）自動車、そして電気自動車（ＥＶ）である。

蒸気自動車は運転者の他に石炭をくべる釜焚き人が必要で、じきに廃れてしまった。これに対してＥＶは有望な技術だった。すでに電力インフラは整いつつあり、家庭での充電には問題がなかった。ライバルのエンジン自動車の方はといえば、その当時まだ燃料を売るガソリンスタンドはほとんど整備されていなかった。いまのようにスターターモーターもなく、クランクにつないだハンドルを手で回してエンジンを始動した。これは力とテクニックのいる作業で、失敗すると大けがをする。それに比べてＥＶの始動はスイッチを入れるだけで簡単、しかも変速機構が不要。当時発売されていたスチュードベイカーエレクトリックは女性から支持されたそうだ。自動車の歴史の初期には、燃料の調達のしやすさや運転のしやすさから言えば、むしろEVに分があったのである。

しかし、ガソリンが安くなりどこでも手に入るようになるにつれ、EVは廃れていく。とはいえ完全に沈んでしまったわけではなく、ときおり浮上してくることがあった。

近年では「EV二〇年サイクル説」と呼ばれる間欠的なブームを繰り返してきた。第一次ブームは一九七〇年代初め。アメリカでは七〇年に大気浄化法（Clean Air Act）が全面改正され、日本でも当時の通商産業省（現経済産業省）が音頭をとってEV開発に向けてプロジェクトを推進した。当時のモーターショーにはEVがずらりと勢揃いしたこともあるという。大気汚染の深刻化、石油資源限界論、そして実際に起きたオイルショックがEVへの期待をふくらませた。しかし、各自動車メーカーが排気ガス対策や低燃費化を進めるとともに、八〇年代に入り石油価格が安定すると、大型高級車が飛ぶように売れるバブル時代を迎える。

次のブームは九〇年代初めである。大気浄化法が改正強化された九〇年、ゼネラルモーターズ（GM）はコンセプトEV「インパクト」を発表した。EVでありながら高性能スポーツカーという、非常に斬新なものだった。そしてこの年、カリフォルニア州はさらに厳しい規制を独自に導入、「低排出車基準」を定めた。同州大気保全委員会（CARB）は、自動車メーカーに一定割合でゼロエミッション車（ZEV）を販売することを義務づけた。

九〇年代は地球温暖化がクローズアップされた時代で、クルマから排出される大気汚染物質だけでなく、CO_2の排出にも大きな関心が集まった。クルマの燃費を高める技術、CO_2排出の少ない代替燃料の開発が課題に上った。しかし、ゼロエミッションとなると当時、事実上ＥＶしかなかった。多くの自動車メーカーがこぞってＥＶを発表したのにはこうした背景があった。

そして次は二〇一〇年ごろ。アメリカでは〇八年に新興ＥＶメーカー、テスラモーターズのロードスターが華々しくデビューし、日本メーカーでは〇九年に三菱自動車工業（三菱自動車）が軽自動車ｉをベースにしたＥＶ・ｉミーブを市販した。一〇年暮れには日産が小型車クラスのＥＶ・リーフの発売に踏み切った。

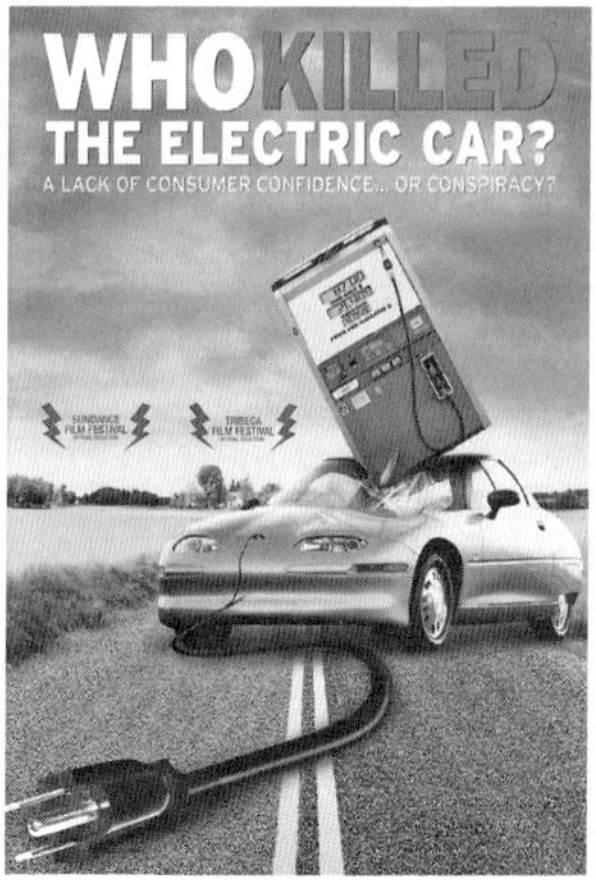

写真 2-1 『Who Killed The Electric Car?』（DVD パッケージ）

誰が電気自動車を殺したか？

『Who Killed The Electric Car?（誰がその電気自動車を殺したのか？）』（監督：クリス・ペイン、ソニーピクチャーズ、写真2-1）という映画が、二〇〇六年初夏にアメリカで公開された。定冠詞は特定の車、ＧＭのＥＶ、「インパクト」をベースに、一九九六年に市場に投入されたＥＶ-1を指している。キュートで、速く、静か、しかも排気ガスを全く出さない、二シーターのスポーツカー。アメリカの交通輸送の未来を変えるかもしれないと期待された革新的な車で、ハリウッドセレブたちに熱狂をもって迎えられた。

しかし、ＧＭは〇四年末のリース期間終了後、ＥＶ-1の回収を決定。全てがリース契約であったため、ユーザーは回収を拒むことができなかった。回収された五〇〇〇台のEV-1は、次々とスクラップにされていく。元ユーザーたちは、EV-1を救おうと立ち上がり、キャンペーンを始めるが、とうとう全てが回収され、スクラップ工場に運び込まれてしまう。

EV-1が〝殺された〟理由を追ったこのドキュメンタリー映画の最後に、数々の〝被疑者〟たちが被告席に座らされる。石油産業、GMはじめ自動車メーカー、連邦政府、カリフォルニア州大気保全委員会、消費者、バッテリー、燃料電池……。

そしてEV-1は〝殺された〟が、電気自動車はハイブリッド自動車（HV）という形で生き残った、というのがこの映画の結論だ。GMがEV-1を回収・スクラップにしていたころ、トヨタのハイブリッド自動車「プリウス」は全米で売り上げを伸ばしていた。作品は、カリフォルニア州の規制に抵抗して効率のよいクルマの開発を捨て、時代遅れの、図体がでかくガソリンを食うクルマばかり作り続けるビッグ3に対する痛烈な批判に貫かれている。

電気自動車の弱点

スチュードベイカーエレクトリックからEV-1に至るまで、市販されたEVは数多いが、いずれもベストセラーにもロングセラーにもなることはなく消えてしまった。効率がよくクリーンで静かで運転もしやすいのに、EVはなぜ受け入れられないのか。

それはガソリン自動車と比べてみるとよくわかる。ガソリン自動車は燃料としてガソリンをタンクに積む。EVは同じように電気をバッテリーに充電する。ガソリンの発熱量は一リットルあたり約八〇〇〇キロカロリー＝九三〇〇ワット時。これを四〇～五〇リットルのタンクに積むと、車種や走行条件にもよるが、フルタンクで四〇〇～五〇〇キロメートル走り続けることができる。

一方、バッテリーに充電できる電力量を体積（リットル）あたりでみたエネルギー密度は、鉛バッテリーが四〇～一〇〇ワット時、ニッケル水素バッテリーが一〇〇～三〇〇ワット時、リチウムイオンバッテリーでも三〇〇～六〇〇ワット時ほどである。リチウムイオンバッテリーであってもガソリンの一五分の一から三〇分の一でしかない。さらに重量あたりのエネルギー密度で比べると、ガソリンのわずか二％以下だ。つまりガソリン自動車と同じ航続距離（一フル充塡あたりの走行距離）を稼ごうと思うと、エンジン効率とモーター効率の差を考えても、ガソリンの一五倍もの重さのバッテリーを積まなくてはいけないことになる。また、その充電にも長い時間がかかる。これは非現実的だ。

このバッテリーの性能問題が電気自動車の最大のウィークポイントであり、その普及を妨げてきた理由なのである。

ハイブリット車の登場

トヨタが一九九七年一二月に発売した「プリウス」（写真2-2）は、ガソリンエンジンと電気モーターの併用で走る。始動時はモーターのみ、加速時にはモーターがエンジンをアシストする。それによって効率のよい回転数でエンジンを使うことを可能にした。同時に低速走行時に余るエンジン出力と減速時のエネルギーを電気に変えてバッテリーにためる。燃費はそれまでの同型車の二倍(公称)と大幅に向上、その後もモデルチェンジのたびにさらに改善してきた。

ハイブリッド車はコンセプトカーとしては八〇年代からさまざまなメーカーから提案されていたが、いきなり量販車として世に出したのは、トヨタにとって大きな賭けだっただろう。もともとはエンジンやトランスミッションなどの効率向上で燃費を五〇%向上させる計画だったが、経営陣、とくに経理部門出身の奥田碩《ひろし》社長(当時)が納得しなかった。燃費を二倍にしなければ画期的とは言えない、しかも二~三年以内に市販、と技術陣に突きつけたのだった。

プリウスは九七年一〇月から開催された東京モーターショーでお披露目されたあと、一二月一〇日に二一五万円で発売された。ちょうどそのころ、京都で開催されていた第三回気候変動枠組み条約締約国会議(COP3)では、先進国の温室効果ガス削減目標を決める交渉が大詰めを迎えていた。各国の削減目標を定めた京都議定書は一二月一一日に採択されたが、その会場には発売されたばかりのプリウスが展示されていた。「21世紀に間に合いました」という宣伝コピーは、TVコマーシャルにも使われ、お茶の間に流れた。

二一五万円という価格もトヨタの戦略だった。同じころ市販したRAV4をベースにしたEVは五〇〇万円近くしたこともあり、あまり売れなかった。

「結局商品として成功しなければ意味がない、プリウス

写真2-2　1997年暮れに発売された初代プリウス(トヨタ博物館展示車)

に関しては赤字でもいいから出せ、売れれば商品になる、と奥田社長は決断したのだと思う」。当時を知る技術者の一人はそう振り返った。その言葉通り、当初は赤字だったが売れ行きが上がるにつれ製造コストが下がり、一〜二年後には利益が出るようになったという。

二年後にはアメリカ市場に投入され、新しもの好きで環境問題にも感度を持ったユーザーたち、キャメロン・ディアスやレオナルド・ディカプリオのようなハリウッドスターらも続々とプリウスオーナーになった。

CNWマーケティングリサーチ社の二〇〇七年春のアンケート調査によると、プリウスオーナーの半数以上が自分がハイブリッド自動車に乗っていることを周辺に知ってもらいたいと考えていた。ハイブリッド専用車のプリウスはそれが一目瞭然だ。当時言われたロハス(かつスノッブな)層のステイタスになっていたということだろう。専用車で売り出すことも奥田氏のこだわりだったという。その狙いは見事に当たったことになる。

燃料電池自動車への期待

二〇〇〇年前後、地球温暖化問題と化石燃料の枯渇を解決する切り札としてEVやHV以上にもてはやされたのが、燃料電池と、それを搭載した燃料電池自動車(FCV)である。

ドイツのダイムラーは、カナダの燃料電池メーカー、バラード・パワー・システムズ(バラード社)と組んで、一九九〇年代初めからNECARという名前でFCVの開発に取り組んでいた。九四年にはNECAR1を発表、その後改良を重ねて二〇〇〇年にNECAR5を発表した。

日本メーカーも九七年にトヨタがFCVの試作車を発表。〇二年には世界に先駆けてトヨタとホンダが日本政府にプロトタイプ車をリース契約で納入した(トヨタは燃料電池を独自開発、ホンダはバラード社の燃料電池を採用したが、のちに自社開発に切り替えた)。

コンパクトで作動温度が低い＝始動に時間がかからない固体高分子型燃料電池(PEFC)を自動車に搭載し、モーターを回せば、長時間走らせることができ、走行中に水以外の廃棄物は発生しない――燃料電池そして水素は地球を救う、炭化水素社会から水素社会になるとの予言がメディアを賑わしたものだった。

しかし、メディアでの露出はしだいに少なくなっていった。

経済産業省の燃料電池戦略研究会(茅陽一座長)が〇一年一月に発表したFCVの導入目標は、一〇年度に五万台、二〇年度に五〇〇万台だった。ところが、一部リース契約を除けば、一〇年になっても五万台の導入どころか、市販されているFCVは一台もなかった。トヨタや日産、ホンダの市販計画も先送りされた。かつては自動車用燃料電池が燃料電池市場を牽引すると言われたが、現実には、出力がずっと小さく天然ガスやLPガスから水素を取り出して作動する家庭用燃料電池システム＝エネファームの市場投入が先行することになった。それでも、一〇年度までの累計導入実績は一・一万台、一四年度までで約一二万台。先の燃料電池戦略研究会の目標では一〇年度に一二〇万台だったから、こちらも大幅に期待を下回った。

PEFCは電極に希少な白金触媒を使うため高価なものになる。〇二年に日本政府にリース納入されたトヨタとホンダのFCVは、まともに値段をつけたら億を超えると言われた。燃料電池自体の長寿命化も課題だった。また水素は軽いだけに体積あたりのエネルギー密度が小さく、そのための高圧タンクの性能もまだ十分ではなかった。結果論だが、当時の〝燃料電池ブーム〟は皮相的なものだった。

プリウスPHV

結局、二〇〇〇年代を席巻したクルマは、FCVでもEVでもなく、ハイブリッド自動車（HV）だった。トヨタはプリウス以外の車種にもハイブリッドタイプをラインナップし、〇七年にはプリウスを中心にHVの累計販売台数が一〇〇万台に達したと発表した。ホンダも〇九年にハイブリッド専用車インサイト（二代目）、一〇年にコンパクトカーのフィットにハイブリッドタイプを加えた。対抗するように、一一年にトヨタもコンパクトクラスのハイブリッド専用車アクアを発売する。このころにはHVはごく普通のクルマになっていた。

さらに、一二年にもう一つの画期が訪れる。トヨタがプラグイン・ハイブリッド車（PHV）を発売したのだ。電気自動車（EV）とエンジン（内燃機関）自動車（ICEV）の二つの顔を持つプリウスPHVは、プラグをコンセントに差して（プラグイン）充電でき、EVとして走行もできる。*

すでに中国のBYDは〇八年に政府機関向けにPHVの販売を始め、GMは〇七年の北米オートショーでPHV「シボレー・ボルト」を発表、一〇年暮れに発売していた。プリウスPHVは早くからその開発がアナウンスされリース販売もされていたが、残念ながら世界初の市販車の座はシボレー・ボルトに譲った。シボレー・ボルトは『Who Killed The Electric Car?』へのGM

からの回答でもあった。

＊プラグイン・ハイブリッド車には、プリウスPHVのようにエンジンとモーターを切り替えて駆動するタイプ＝パラレル・ハイブリッドと、モーターで駆動しエンジンは発電のみに使うタイプ＝シリーズ・ハイブリッドの二つのタイプがある。GMのシボレー・ボルトは後者。

電気自動車の革命児・テスラ

EVをひっさげて、異業種から自動車市場に割って入ったのが、テスラモーターズである。テスラは初めての市販車であるスポーツタイプのEV「ロードスター」を二〇〇八年に発売する（二九頁の写真2-3）。価格は一〇万ドル（当時のレートで一〇〇〇万円）以上したが、出力一八五キロワットまたは二一五キロワットのモーターと容量五三キロワット時のリチウムイオンバッテリーを積み、最高時速二〇〇キロメートル、時速〇～一〇〇キロメートルの加速時間はわずか三・七秒、フル充電の航続距離は三九三キロメートルというもの（アメリカ環境保護庁認定による）。その性能とスタイルが支持されて一二年九月までに二四〇〇台を売った。一二年にはセダンタイプの「モデルS」を発売するとともに多目的車「モデルX」を発表（一五年六月現在未発売）、低価格の量販車「モデル3」の発売も計画している。

CEO（最高経営責任者）のイーロン・マスク氏は一九七一年、南アフリカ・プレトリア生まれ、シリコンバレーでITベンチャーを成功させたのちテスラモーターズの設立に関わり、〇八年に会長兼CEOに就いた。ガソリン自動車を電気自動車でおきかえると息巻くマスク氏のカリスマ性は、アップル・コンピュータの故スティーブ・ジョブズCEOを彷彿《ほうふつ》させる。

本社があるパロアルトはシリコンバレー北部に位置する。IT業界出身のマスク氏が採用したクルマづくりは、従来の自動車メーカーのものとは大きく異なっていた。ロードスターの車体は、イギリス・ロータス社のエリーゼがベース、リチウムイオンバッテリーは市販の汎用品を集めて組み合わせた。バッテリー制御システムこそオリジナルだが、基本的には部品を外部から集めて組み立てるというIT機器に見られるオープン・モジュール型の生産方式だったのである。

意気投合した二人のカリスマ

そのテスラとトヨタが提携を結んだのは二〇一〇年のことだ。

現地時間の五月二〇日、パロアルトのテスラ本社で、テスラのイーロン・マスクCEOとトヨタの豊田章男社長が並んで会見に臨んだ。シュワルツェネッガー・カリフォルニア州知事（当時）も同席していた。

その六週間前、南カリフォルニアでテスラ・ロードスターのハンドルを握った豊田氏は「未来の風を感じた」と満足そうに述べた。二人の〃カリスマ〃は互いに意気投合したと報道された。

そのころトヨタはアメリカ国内で急加速事故をきっかけにした大規模リコール問題を抱えており、巨額のリコール費用、制裁金や和解金、さらに販売の低迷に苦しんでいた。アメリカのメディアも政府や議会も、まるで「トヨタ叩き」の様相を呈し、二月には豊田社長が下院の監視・行政委員会に招致された。おまけに前年に経営破綻したGMがトヨタとの合弁事業を解消することを発表、カリフォルニア州に建設した自動車工場「NUMMI」は閉鎖に追い込まれ、従業員を解雇せざるをえなくなっていた。

この会見で、トヨタはテスラに五〇〇〇万ドル(当時のレートで約四五億円)を出資するとともに、テスラが四二〇〇万ドル(同約三八億円)でNUMMIを購入、同時に、共同でEVを開発・販売することを発表した。

燃料電池は〝プール・セル〟だ

トヨタとテスラが共同で生産することになったEVのベース車はRAV4で、誘導モーターおよびインバータ、リチウムイオンバッテリーやパワートレイン(動力伝達装置)はテスラが製造して提供。NUMMIでテスラ・モデルSとともに生産されることになった。

写真2-3　テスラ・ロードスター
出典：Wikimedia Commons

RAV4EVは二〇一二年九月に販売開始され、一五年夏までの三年間で二六〇〇台の販売を計画していた。ところが順調に見えた両社の関係は一四年になると怪しくなる。トヨタがテスラとの提携を切り上げ、一四年末で生産を終了するとしたのである。価格が約五万ドルとガソリン仕様車の二倍で、カリフォルニア州限定販売であったとはいえ、販売は芳しくなく、実売は二〇〇〇台に満たなかったようだ。

ハイブリッド車で独走するトヨタは、(後れを取った)日産や三菱自動車と異なりEVにはそれほど熱を入れてこなかったように見えるけれど、この時期次世代車に関してFCVと二股をかけようとしたフシがある。背景には、一八年発売モデルからHVが対象外となるカリフォルニア州のゼロエミッション車(ZEV)規制強化もあった。しかし、テスラが基幹システムを供給したRAV4EVは、トヨタにとって満足のいく車ではなかったように見える。何より肝心の部分がブラックボックスでトヨタ側は提携のメリットをあまり感じなかったのではないか。伝統的自動車メーカーと新興EV専業メーカーの文化の違いも取り沙汰《ざた》された。

EVはガソリン車に比べて部品点数も圧倒的に少ない。伝統的な自動車産業は裾野の広い産業で、自動車メーカーを頂点に、関連会社、協力会社(下請け)、部品・部材・素材メーカーのピラミッド構造で成り立っている。EVではトヨタを頂点とする関連産業群を支えきれないという判断もあっただろう。

トヨタは一四年六月にFCVを市場に投入することを発表、一方で一〇月にはテスラの株の一部を手放した。その前月にロードスターの日本国内での発売を機に来日したテスラのマスク氏は、「燃料電池に勝ち目はない」と記者会見で言い放った。一五年一月の全米モーターショー(デトロイト)でも、マスク氏のFCV批判は止まらなかった。

「水素はエネルギーの貯蔵手段でエネルギー源ではない。何かから得なければならないし、それに要するエネルギーは得られるエネルギーよりも多い。貯蔵や輸送にも高圧で圧縮するか液化しなければならない。それで車を走らせたら（エネルギー）効率は半分だ。まったくばかげている」マスク氏は「燃料電池は〝愚かな電池《フールセル》〟だ」とまでこき下ろした。たった四年前に電撃的に提携を発表した両社の間には越えがたい溝ができたように見えた。もっともその間にテスラの株価は一〇倍以上に上昇したし、テスラもＲＡＶ４ＥＶへの基幹システムの供給で十分に収益を得ているので、両社にとっては結果的にウィン・ウィンの提携だったのだが。

一五年の年明け早々、トヨタがＦＣＶ関連の特許を公開したというニュースが話題を集めた。実はその前年六月にテスラがＥＶ関連の自社の特許を開放したことは日本ではあまり話題にならなかった。テスラの特許よりトヨタのＦＣＶ関連特許の方がはるかに膨大であろうことは想像がつくが、これもトヨタがテスラに対抗したものと考えることもできる。一方でテスラは日本の日産、ドイツのＢＭＷとＥＶの急速充電方式の規格統一化を進める。

トヨタもＥＶから完全に手を引いたわけではない。一二年にはｉＱをベースにしたコンパクトＥＶ「ｅＱ」を一〇〇台限定ながら販売しているし、一人乗りのシティコミューター「ｉ-ＲＯＡＤ」も開発し、公道における実証試験を進めている。

企業規模においても売り上げにおいても、まさに〝巨像と蟻〟と表現されるトヨタとテスラ。両社の戦略やトップの考え、企業文化の違いは大きいが、どちらも自動車文明の礎の上に立っているという点では変わらないように見える。

3章　やっかいな元素

水素元年

ミライの登場と前後して、メディアに登場した「水素」「水素社会」という言葉には多くの人がひきつけられた。メディアが華々しく取り上げたこともあり、何かわくわくするような新しい時代の到来、エネルギー枯渇の心配の要らない社会の実現が目の前に迫っているようにとらえた人も少なくないと思う。実際に、二〇一五年春に出席したあるシンポジウムで国会議員が挨拶し「水素社会が実現すれば、われわれはエネルギーの心配から解放される」と話したのを聞いた。あたかも『神秘の島』で登場人物が語ったような社会が、近い将来訪れると信じているようであった。しかし実際には、テスラモーターズのイーロン・マスクCEOが批判するように、私たちがその水素を得、使うにはいくつもの課題が立ちはだかっている。

水素は二次エネルギー

地球上には、石炭や石油、天然ガス、核分裂性のウラン、太陽光や水力、風力などのエネルギー「源」、すなわち「一次エネルギー」が存在する。私たちはこれを加工・変換して使っている。こうした何らかのプロセスを経たエネルギーを「二次エネルギー」とよぶ。電気は代表的な二次エネルギーだが、クルマの燃料になるガソリンや軽油も同じように二次エネルギーといえる。

水素は元素としては地球上に無尽蔵といってもいいほど豊富に存在しているが、問題は単体、あるいは分子としてはほとんど存在しておらず、マスク氏が指摘するように、何かのエネルギー源から変換して取り出さなければならないことだ。地中からも海水中からも大気中からも、ただでは取り出せないのである。その意味では電気と同じ「二次エネルギー」なのだ。

しかも、電気はそのまま機器を動かしたり照明を灯《とも》したり、動力に変えたりすることができるが、水素はそうはいかない。さらに変換装置を使って電気に変えなければならない。水素が二次エネルギーだとすると、そこから取り出す電気は三次エネルギー、場合によっては四次エネルギーになってしまうのである。そこもマスク氏の指摘通りだ。

天然ガス水蒸気改質

では現在、どのような水素供給源や製造方法があるのだろうか（次頁、表3-1）。現在、水素源として最も一般的なのが天然ガスだ。天然ガスの主成分はメタン、他にエタンやプロパンなども少量含まれている。化石燃料から水素を取り出すことを「改質」ともいい、高温水蒸気を使った技術を「水蒸気改質」とよぶ。触媒を充填した反応器の中で高温（九〇〇～一〇〇〇℃）の水蒸気を天然ガスにぶつけると、水素と一酸化炭素に分解される。さらにその一酸化炭素と水蒸気を反応させると水素とCO_2になる。メタンと水蒸気との反応式は、次のようになる。

表 3-1　主な水素の供給源と製造方法

原料		熱化学反応	電気化学反応
化石資源	炭化水素（天然ガス，LPG，ナフサ，重質油など）	水蒸気改質法（900～1000℃） 部分酸化法（600～700℃） 自己加熱法 二酸化炭素改質法 熱分解法	
	石炭	ガス化法（800～1000℃）	
	メタノール	水蒸気改質法（250～400℃）	
非化石資源	水	直接熱分解法（4000℃以上） 熱化学分解法（IS 法など）（900～1000℃）	アルカリ電解法 固体高分子膜（PEM）分解法 高温水蒸気（THE）電解法
	バイオマス	ガス化法（800～1000℃） 超臨界水分解法（300～500℃）	

参考：「原子力による水素製造」日本原子力学会ポジションペーパー（2013 年 9 月）ほか

$CH_4 + H_2O \rightarrow 3H_2 + CO$

$CO + H_2O \rightarrow H_2 + CO_2$

全体では、

$CH_4 + 2H_2O \rightarrow 4H_2 + CO_2$

現在、天然ガスからつくられた水素の主な用途はアンモニア製造である。アンモニアは合成窒素肥料の原料になり、七〇億を超える人類の食料生産を支えている。

エネルギーのロス

さて、水蒸気改質には一〇〇〇℃という高温が必要で、ここで一～二割のエネルギー損失が生じる。水素を長距離輸送するにはさらに圧縮か液化する必要があるが、このときも大きなエネルギーを必要とする。燃料タンクへの圧縮充填でもエネルギーが失われる。

イギリスのジャーナリスト、デビッド・ストラハンは、著書『The Last Oil Shock』(二〇〇七年)の中で、水素を天然ガスから改質してつくる限り、燃料電池のエネルギー効率は二五・二%に過ぎず、「ウェル・トゥー・ホイール(採掘から走行まで)」の総合効率で見た場合、プリウスのようなガソリン・ハイブリッド車より劣ると述べ、疑問を呈している。改質で二割、液化プロセスで三割、燃料タンクへの圧縮充填で一割のエネルギーが失われ、さらに燃料電池の発電で五割が失われる(〇・八×〇・七×〇・九×〇・五＝〇・二五二)という。

実は同様の試算結果は日本でも得られている。財団法人日本自動車研究所の「水素・燃料電池実証プロジェクト」(JHFC)が〇六年三月にまとめた、各種自動車燃料のウェル・トゥー・ホイール総合効率を比較したデータがある。このデータによれば、FCVの総合効率は、天然ガスから水素を取り出す方法で、燃料電池の変換効率を五〇%とすると、ガソリン・ハイブリッド自動車と同等程度、ディーゼル・ハイブリッド自動車には及ばない。将来的に変換効率が六〇%に向上したとしても、ディーゼル・ハイブリッドと同じ程度だという。試算当時から諸々の効率に多少の進歩はあるだろうが、現在(一五年)でもそれほど大きく違わないのではないか。

一方、走行一キロメートルあたりのライフサイクルCO_2発生量について、一〇年に財団法人日本エネルギー経済研究所がまとめた報告(『自動車燃料としての水素エネルギーの現状と課題』)は、天然ガス由来の水素を燃料とする場合ガソリンエンジン車と同等で、ハイブリッド車には遠く及ばないとしている。

天然ガスから得られた水素を発電に使う場合でも、先のように圧縮・運搬して燃料電池で発電すると総合効率は約二五％になってしまうし、圧縮・運搬せずそのままオンサイトで発電したとしても、四〇〜四五％である。いま天然ガスタービン発電システムの性能が向上し、蒸気タービンと組み合わせたコンバインドサイクルで発電効率が六〇％を超えようとしているときに、天然ガスから水素を取り出して発電することにはあまり意味を見いだせない。意味があるとすれば、中〜小型の燃料電池発電に廃熱（温水）利用を組み合わせたコジェネレーション・システムにすることで、これなら熱利用とあわせた総合効率は七割を超える。都市ガスインフラのあるビルや集合住宅、住宅街区などで、作動音がないという燃料電池の特性を生かすことができるだろう。

石炭・褐炭からの水素製造

石炭を酸素のない状態で水蒸気を加えて加熱（蒸し焼き）すると、一酸化炭素、水素、メタンなどが発生する。このガスは石炭ガスや合成ガスと呼ばれ、一九世紀からガス灯の燃料として使われていた。この石炭ガスからも水素を取り出すことができる。ただし、石炭ガス製造自体に八〇〇〜一〇〇〇℃の高温を必要とするので、天然ガスの水蒸気改質以上にエネルギー収率（利得率）が低い。また石炭は炭素の含有率が高いため、同じ熱量で比べると天然ガスから水素をつくるのと比べ、より多くのCO_2が発生することになる（石炭のCO_2排出係数は天然ガスの一・八倍）。

石炭は比較的埋蔵量の豊かな資源とされているが、中国やインドなど新興国の経済発展に伴い需要が急増している（同時にCO_2排出量が増大し大気汚染が深刻化している）。そのため、確認埋蔵量を年間生産量で割った可採年数（R/P Ratio）は近年小さくなる傾向にある。

一方、石炭よりも品質の劣る褐炭の資源量は豊富だが、水分・不純物が多く炭化度が低いため重量あたりの発熱量が低い、したがって運搬しても採算がとれない、CO_2排出量、イオウ酸化物や煤塵《ばいじん》の発生量が多いなど環境負荷が高い、などの理由から、一部が採掘地で発電利用されているほかは、ほとんど使われていない。

この褐炭資源に注目して、川崎重工業はオーストラリア・ビクトリア州の褐炭から水素を製造し、それを日本に運ぼうというプロジェクトを検討している。同州には褐炭埋蔵量が一一二〇億トンあり、うち三五〇億トンが露天掘りで掘ることができるという。そこで、現地でガス化法により水素をつくり、液化して水素タンカーで輸送する。水素製造過程で発生するCO_2は、回収・地下貯留(CCS)することで大気中には放出させない。これにより、全工程でCO_2フリーの〝水素チェーン〟が実現するという。同社では導入時期を二〇二五年と想定している。

先述のように褐炭は低品質で水分も多く、そこからの水素の収率は石炭よりも低い。加えて液化や輸送、CCSにかかるエネルギーを考えると、あまり割のよい製造方法とは思えない。CCSの地下環境への影響も未知数である。

水素価格について川崎重工業では、FCVが三〇〇万台あるいは水素発電が一〇〇キロワット規模であれば、CIFつまり日本の港渡しで一立方メートルあたり約三〇円が可能になるという。これに荷揚げコスト、保管・輸送、充塡コストや税金を加えると、ガソリン一リットル換算で一六五円程度になる(筆者試算による)。しかし、これらはあくまで机上のシミュレーション。そこに持って行くまでに越えるべきハードルは高いと言わざるをえない。

水の熱化学分解

これまで見たように、化石燃料を原料にした水素製造では改質の時に副産物としてCO_2が生じる。その量は基本的に化石燃料を燃焼させたときと同量、つまり化石燃料の持っている炭素はすべてCO_2になる。改質に必要なエネルギー投入を考慮すると、むしろCO_2の発生が増える場合すらある。そこで炭素を含まない水素源＝水がクローズアップされてくる。

ただし水分子の化学結合は強力なので、水素と酸素に直接熱分解しようとすると四〇〇〇℃以上の超高温が必要で、非現実的だ。そこでいくつかの化学反応を組み合わせて九〇〇〜一〇〇〇℃の温度で分解する方法が提案されている。その一つがヨウ素と二酸化イオウを用いたＩＳ（ヨウ素・イオウ）プロセスである（図3‐1）。

ただし、四〇〇〇℃に比べれば低いとはいえ九〇〇℃はかなりの高温であり、多くのエネルギーを必要とする。化石燃料を使えばコストもかかるし、当然燃焼に付随してCO_2が発生する。それでは水から水素をつくる意味がない。ではどうしようというのか？　それについては次章に詳述する。

ＩＳプロセスはまだ実験室レベルの技術で、実用化されているわけではない。強酸で腐食性が強いヨウ化水素や硫酸を高温で扱うには困難さが伴うであろうことも想像がつく。国の見通しでは二〇三〇年ごろを実用化のめどとしているが、ここでも越えるべきハードルは高そうだ。

水の電気分解

　1章で紹介したように、水の電気分解によって水素が発生することは一九世紀から知られていた。現在においても水素を得る最も簡便で確実な方法だろう。古くからあるアルカリ電解水法のほか、本書の冒頭で紹介した燃料電池実験キットと同じ原理の固体高分子膜分解法が実用化されている。高温水蒸気電解法は高効率だが、技術的課題やコストの問題で開発は進んでいない。

　いずれにしても電気を使うから、その電気をどうやってつくるかという問題がある。電気そのものが何らかのエネルギー源を使って起こさなければならない二次エネルギーだから、それによってつくる水素は三次エネルギー、その水素で起こす電気は四次エネルギーということになる。最初のエネルギー源が化石燃料であればCO_2発生は免れないし、コストが大変高いものになることは自明だ。

　電気分解によって一キロワット時の熱量を持つ水素をつくると、エネルギーの三割は目減りする。水素の

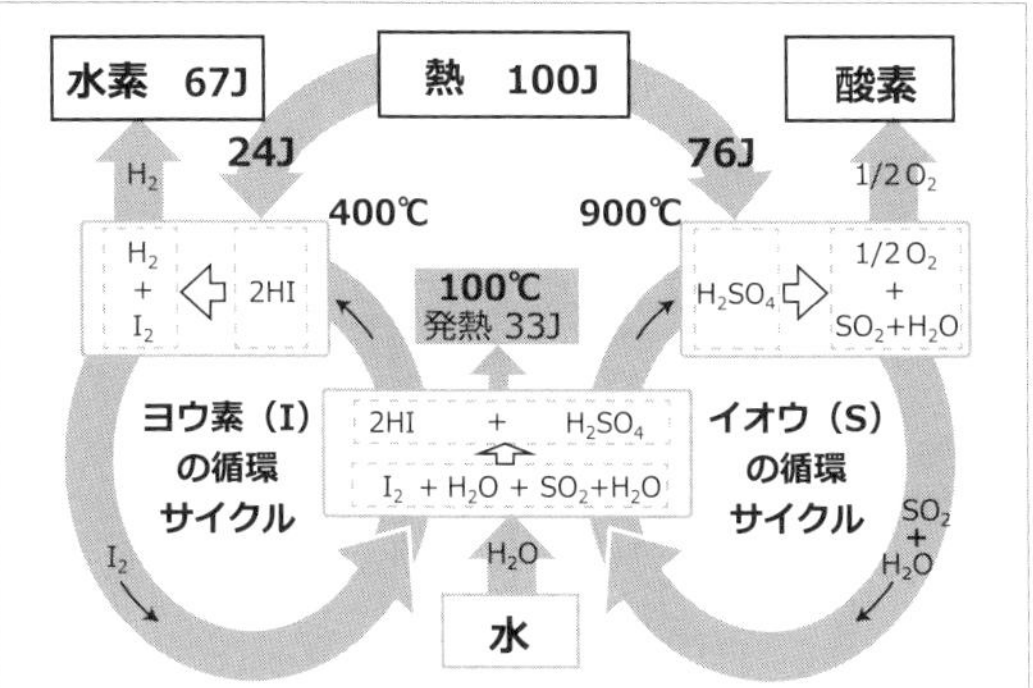

全体の反応

$I_2+SO_2+2H_2O$	→	$2HI+H_2SO_4$
$2HI$	→	H_2+I_2
H_2SO_4	→	$1/2O_2+SO_2+H_2O$
H_2O	→	$H_2+1/2O_2$

図3-1　ISプロセス

出典：「原子力による水素製造」日本原子力学会ポジションペーパー(2013年9月)をもとに作成.

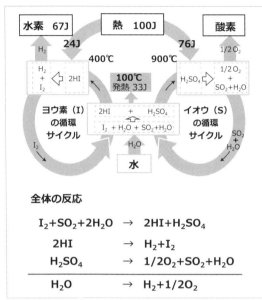

貯蔵や輸送にまたエネルギーを食い二割程度は損失が生じる。その水素燃料電池の発電効率が五〇%だとしても、最終的には最初の電気エネルギーの三割以下になってしまう(〇・七×〇・八×〇・五=〇・二八)。

電気で水素をつくり、それをまた電気に変えるならそれぞれの変換でエネルギー損失があり、きわめて効率が悪いことは少し考えればわかる。それでもやろうとするのは、電気が余った場合だ。原子力発電、大型石炭火力発電や、ガスタービンと蒸気発電を組み合わせたコンバインドサイクル発電は、一定の出力で運転するベースロード電源として用いられるが、時間帯によっては余剰が生じてしまう。自然エネルギーは、必要なときに発電するということができず、発電しすぎれば余る時間帯ができる。そうした余剰電力で電気分解して水素をつくって貯蔵しておき、必要なときに燃料電池で発電すればいいという考えである。ただし〝電力貯蔵システム〟としては、余剰電力で水をくみ上げておきピーク時に流して発電する揚水発電所がすでにある。三割程度のエネルギー損失があるとされるが、それでも水素で貯蔵するよりずっと少ない。

再生可能水素

水素のライフサイクルCO_2発生量をゼロにしたいなら、もともとCO_2を出さない電源を使って電気分解するしかない。太陽光、風力、水力などの自然エネルギーからの電気で電気分解すれば、究極のクリーンエネルギーと言えるだろう。こうしてつくられた水素は「再生可能水素」(R水素)と呼ばれることもある。

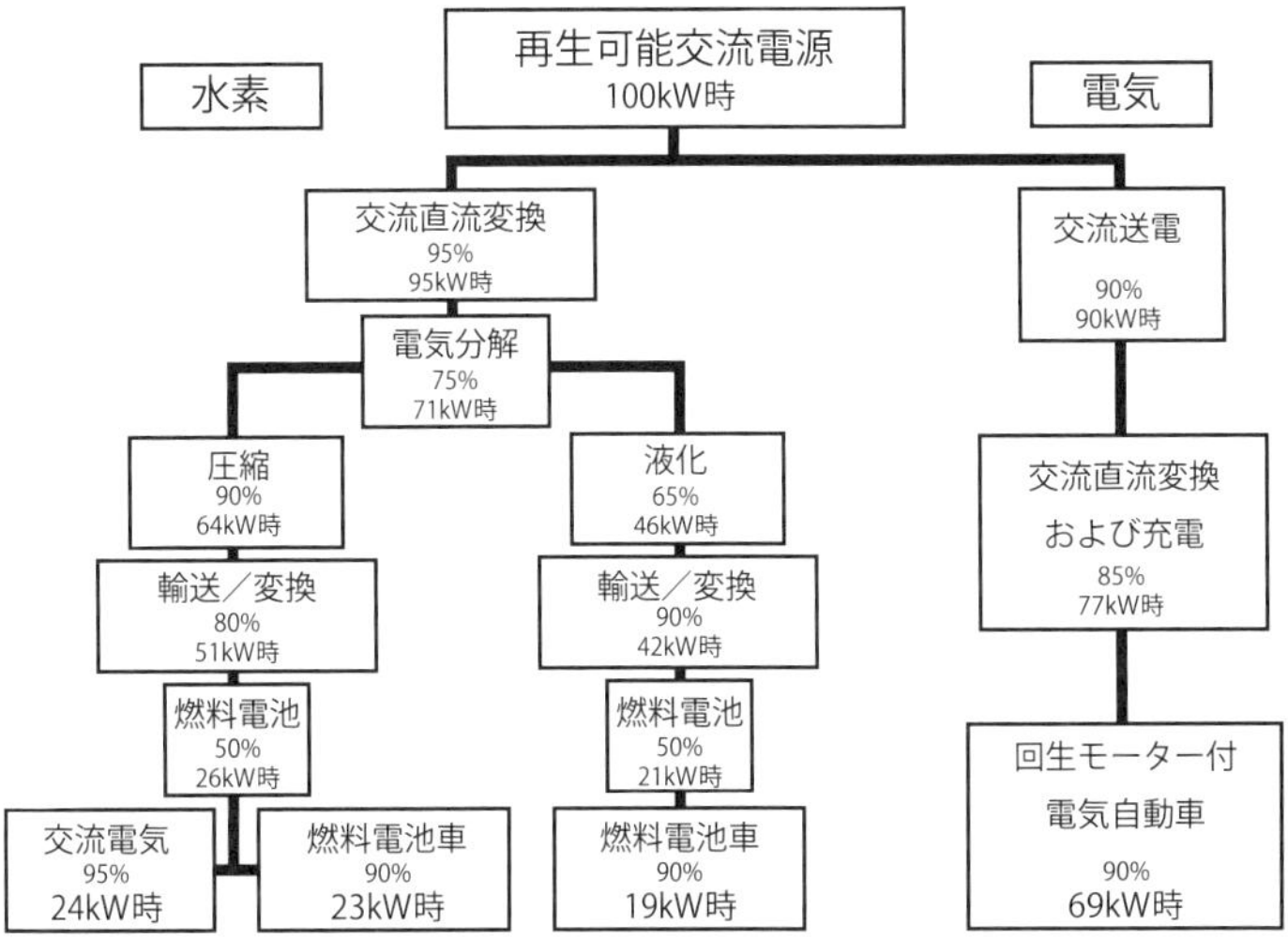

図3-2　自然エネルギーから水素をつくり発電した場合のエネルギー損失（Ulf Bossel, 2005より）

スイスの燃料電池科学者ウルフ・ボッセル氏は、自然エネルギーから得た電気で水素をつくり、それをFCVで使う場合、圧縮水素でもとの電気の二三%、液体水素にすると一九%に目減りしてしまうと指摘している。これに対して、電気を水素に変えずにバッテリーにためて使えば、全体を通して三割強の目減りですむという（図3-2）。

二〇〇四～〇六年にかけて、鹿児島県屋久島で鹿児島大学などの研究チームによる「屋久島水素ステーションプロジェクト」という実証事業が行われた。

九州の南にある屋久島の年間降水量は平地で四五〇〇ミリ、山地では一万ミリにも達する。この豊富な水資源と傾斜の大きい地形を利用した水力発電所が三か所あって、その総発電能力は五万六五〇〇キロワット。発電所を運営する屋久島電工（株）は、この電力を使って電子素子や研磨材などの材料となる炭化ケイ素を製造するとともに、電力供給事業を行っている。この実証プロジェクトは、この豊富な電力を使って水素を製造し、燃料電池自動車(FCV)の走行試験、水素ステーションの運転や効率の測定を行うというものであった。FCVは、ホンダがリース販売用に製造した「FCX」を提供して走行試験を行った。

チームは、水を電気分解して製造した水素を精製・圧縮して、最大圧力三五MPa(メガパスカル、一MPa=九・八七気圧)のホルダーに充塡した。その結果、総合的な効率は二二%だったと報告している。つまり水素にすることによって、元の電気の持つエネルギーが四分の一以下になってしまったことになる。しかも使うときにはこの水素を燃料電池で電気に変える必要がある。燃料電池の変換効率を五〇%としても、最終的なエネルギー利得率は一一%。いくら元が自然エネルギーとはいえ、これでは「無駄遣い」のそしりを免れまい。

チームはこのような低いエネルギー利得率にとどまった理由について、装置が小規模であったこと、実験に用いた各機器が十分な機能でなかったことをあげ、規模を大きくし高機能な装置で置き換えれば電気から水素で五〇%の利得率は期待できるとしている。それでもそれをもう一度電気に変えて使うと元の四分の一程度で、先のボッセル氏の試算と大差はない。

太陽光発電でミライの燃料をまかなうには

たとえば、太陽光発電システムを使って自家用FCVを動かせれば、燃料の自立が可能になる。太陽光発電からの電気で水を電気分解して、水素をまかなうことはできないか。できるとしたらどれくらいのシステムが必要か。実際には高価な電気分解装置や高圧充塡装置を個人で導入できるとは思えないが、そこは無視して試算してみよう。

日本では平均的な条件下で、太陽光発電システム一キロワットあたり、年間に約一〇〇〇〜一二〇〇キロワット時発電する。一方、トヨタ・ミライ一台の水素タンクを満タンにするには五キログラムの水素が必要だ。その発熱量は七〇九メガジュール＝一九七キロワット時である。電気分解で三割、圧縮で一割が目減りするとすれば、必要な電力量は三一三キロワット時である。つまり住宅用として標準的な三キロワットのシステムを一か月以上稼働させてようやく一台のミライが満タンにできるかどうかということになる。

一か所の水素ステーションが成り立つには、一日一〇〇台の利用が必要とされる。もしそれをすべて太陽光発電でまかなうとしたら、一〇〜一一メガワットの大規模発電所が必要だ。

ホンダでは、家庭での水素充塡をめざして水素製造と圧縮を一体化した「高圧水電解システム」を開発中だという。太陽光発電との組み合わせも想定されているが、基本は商用電力、それも深夜時間帯の安い余剰電力を活用しようというものだろう。

バイオマス水素

バイオマスからの水素製造についても触れておこう。木材などの固形バイオマス（木質バイオマス）なら石炭と同様にガス化法で水素をつくることができる。しかし木質バイオマスは水分が多く（生木の重量の五〇％以上は水）、樹種ごとに成分も異なるためガスの組成が安定せず、発生するガスにイオウ酸化物やタール分、灰分が含まれる、燃え残りが多いなどの問題がある。その分工程が複雑になって、手間とコストがかかり、結果的に水素の収率は低く、価格は高くなる。

コストを下げるために設備を大規模化すると、広範囲から木材を集めなければならず、そこでまたエネルギーを使うことになる。ちなみに木質ガスからCO_2やイオウ酸化物を取り除く際に用いる消石灰（水酸化カルシウム）は石灰石を粉砕・焼成・加水してつくられるが、その過程でも大量のエネルギーを消費する。

実証試験などのデータ（原料バイオマス一キログラムあたり水素〇・六～〇・九立方メートルの収量）を基に、森林資源を持続的に使うためその年の成長量だけを利用するという条件で試しに計算してみたら、トヨタ・ミライを一年間（一万二〇〇〇キロメートル）乗り回すのに必要な森林面積は約一ヘクタール（一万平方メートル）となった。次項で述べるように光合成のエネルギー変換効率はけっして高くないし、日本の森林は一種の飽和状態なので妥当な数字と思われる。しかもこれは、成長した分を枝葉も含めてすべて回収して使うことが前提なので現実的な話ではない。木材として切り出す時に残った部分（林地残材）や、育林過程で間引いた木のうち林内に放置される分（切り捨て間伐材）が対象となるが、これらを山あり谷ありの現場から運び出さねばならない。結局使えそうなのは成長量の二〇分の一がいいところだろうし、製材・建築廃材も含め、バイオマス発電や石炭火力での混焼発電と奪い合いになる。

日本国内でもドイツの技術を導入した木質バイオマス水素製造の実証試験が数か所で行われてきたが、本書執筆時点で本格稼働に至ったものはないし、ビジネスとして成立するとは思えない。

機会あるごとに言っているが、木質バイオマスはまず材として利用し、その残余も低温の熱利用＝燃やして暖房や温水に用いるのが最も効率が良く、理に適《かな》っている。

一方、都市部で資源量が多い自然エネルギー源として、し尿を中心とした下水汚泥がある。これを嫌気発酵させると発生する消化ガス（バイオガス）からは、おおざっぱに言って人口一人あたり年間二・五立方メートルほどメタンが得られる。消化ガスからは硫化水素やシロキサン（ケイ素化合物）、CO_2などを取り除く必要があるが、その後は天然ガスから水素をつくるのとプロセスも制約も同じである。

たとえば東京都一三〇〇万人のし尿からメタンをとって、それを水蒸気改質すると、名目上日量七万立方メートルの水素が得られる。これは毎日一二五五台のトヨタ・ミライのタンクを満タンにできる量ではある。それでも都内を走っている車の数に比べたらわずかでしかない。

福岡市では二〇一四年から中央区中部水処理センターで、汚泥の消化ガスから水素を取り出して供給する実証事業に取り組んでいる。全面稼働すると提供できる水素は日量七〇〇〇立方メートルで、燃料電池車一四〇台分を見込んでいるという。中部水処理センターは市内に七つある下水処理施設の一つだが、すべての施設で水素製造に乗り出しても六〇〇台分には満たないだろう。

一方、福岡市の軽自動車を含む登録乗用車は五〇万台を超えており、平均すると一日あたり三万五〇〇〇台がタンクを満タンにしている計算になる。水素日量七〇〇〇立方メートルはけっして小さい数字ではないが、メタンからの改質過程でのエネルギー損失を考えると、水素を取り出すよりそのまま天然ガスとして使ったほうが得策ではなかろうか。消化ガスを精製して都市ガス網に供給しているケースは国内にもある。都市の貴重な資源はできるだけ無駄なく使いたい。

微生物を用いた「バイオ水素」

表3‐1（三四頁）には示していないが、生物化学的なプロセスを用いた水素製造法も研究されている。地球上に存在する水素をつくりだす微生物のうち、生産効率のよい種や株を見つけ出し、場合によっては遺伝子組み換え技術を用いて生産効率を高め、産業的レベルで水素生産を行おうという研究である。最近では「バイオ水素」などと呼ばれることもあるが、研究の歴史はオイルショック後のムーンライト計画にさかのぼる。

光合成細菌を用いた場合には、原料として有機物が必要なので、原料（有機性廃棄物資源）の制約を受ける。シアノバクテリア（藍藻）やクロレラなどある種の緑藻を用いればその制約はない。ただし、シアノバクテリアや緑藻は一定の条件でないと水素を生産しないし、エネルギー変換効率（太陽光エネルギー→水素）も一％に届かない。アメリカなどでは緑藻のクラミドモナスを使って一〇％などという報告もあるようだが、それはあくまで最良の条件を整えた実験室での結果である。そもそも植物や植物プランクトンによる光合成の実効変換効率はかなり低く、イネや小麦などの成長の旺盛な作物でも最大五％程度だという。年間を通じてとなると一～二％であろうし、その管理や肥料に投入しているエネルギーを考慮すれば実際の収率はもっと低くなる。微生物による水素生産も推して知るべしである。

シアノバクテリアなどを海面を使って培養し、産生された水素を回収しようという構想もあるようだが、太陽光エネルギーの変換効率が低いということはそれだけ広い面積を必要とするということだ。それならば太陽光発電の電気（変換効率一〇％〜）から電気分解で水素をつくった方が、そこで三割の損失があることを見込んでも、はるかに小面積ですむし設備投資も少なくてすみそうだ。

副生水素

副生水素はさまざまな工業プロセスに付随して発生する副産物としての水素である。たとえば、ソーダ工業では食塩から苛性ソーダ（水酸化ナトリウム）を電気分解によって製造するが、その際に苛性ソーダ一トンに対して、塩素〇・八九トン、水素二八〇立方メートルが得られる。また製鉄所では鉄鉱石の還元剤であるコークスを石炭の乾溜によって製造するが、その際に発生するコークス炉ガスには五五％以上の水素が含まれている。また製油所では原油を蒸留したナフサからガソリンを製造する際に水素が得られる。

ソーダ工業では一〇億立方メートル、製鉄所で七〇億立方メートル、製油所では四〇億立方メートルの水素が年間に発生しており、その他の工業プロセスで発生する水素も加えると、年間百数十億立方メートルの副生水素が発生していると言われる。しかし、これらの副生水素の多くは、その工場内で燃料や脱硫、副産物の原料として自家消費されている。ごく一部が燃料、原料として販売されているが、けっして大量に余っているわけではない。

現在「余剰副生水素」と呼ばれているものの多くは、実際には産業用水素製造装置の〝余剰生産力〟のことである。たとえば製油所では、副生水素だけでは水素が不足するため、水素製造設備を持っていてナフサやブタンから水素を製造している。アンモニア工業では、原料となる水素を主に天然ガスからつくっている。いずれも設備はフルに使われておらず、あわせて年間数十億立方メートル分の余力があるという。これを活用すれば、コストは安くすむだろうという話である。もちろん水素原料として化石燃料は必要だ。

水素の貯蔵と運搬

このようにして得られた貴重な水素にはCO_2や一酸化炭素などが混じっているため、水素だけを取り出す精製工程が必要だ（電気分解の場合は除く）。いちばん効率がいいのは、水素分子のサイズが小さいことを利用した膜分離法だが、いずれにしてもここである程度のエネルギー投入＝目減りは避けられない。しかも水素は、そのまま置いておけばどんどん大気中に拡散する。容器のすき間だけではない。あまりにも小さいので容器の分子のすき間さえも抜け出てしまう。したがって、容器には特別な構造が必要になる。水素は〇℃・一気圧で一立方メートルあたり八九・九グラムの密度しかないため、保存するには高圧で圧縮するか極低温で液化しなければならない。

海外から日本に輸送する場合には、液化してタンカーで運ぶことが想定されている。川崎重工業の「CO_2フリー水素チェーン構想」（三七頁）では、積み出し港の近くに液化プラントをつくり、それを専用の水素タンカーで運ぶ。水素はマイナス二五三℃で液化し、体積は気体の八〇〇分の一になるが、そこまで温度を下げるためには、水素のもつエネルギーの三分の一が必要となる（四一頁、図3-2参照）。また、液体水素の体積あたりエネルギー密度は液化天然ガス（LNG）の半分以下、つまり同じエネルギー量を運ぼうとすると船の大きさを二倍にするか、船の数を二倍にする必要がある。運搬中には液体水素が気化するボイルオフが生じ、目減りしてしまう。ただしこの分はタンカーの動力などに活用しながら運ぶという。

国内輸送では、圧縮水素を大型タンクに詰めてそのままローリー車で輸送することが検討されている。圧縮水素は七〇MPaでも密度は液化水素の六割程度、大容量の高圧タンクをつくることが難しいこともあり、遠距離を大量に輸送するのは困難で、こまめに運ぶしかない。

水素吸蔵合金などの水素貯蔵材料の利用や、トルエン、ベンゼンのような有機溶剤と反応させて液化して輸送する技術（有機ハイドライド）もあるが、いずれも研究開発段階である。それぞれ水素を解放する段階でのエネルギー損失の問題があるが、ここでは詳しくふれない。

一方、トヨタ・ミライやホンダFCXクラリティには七〇MPaの圧縮水素が充填される。ミライの水素タンクは、六〇リットルと六二・四リットルの二本あわせて一二二・四リットル分が搭載されている。このクラスのガソリン車（タンク容量が四〇〜五〇リットル）に比べると三倍程度と大きく、円筒型という制約もあって、その分車内・荷物スペースが犠牲になっている。

水素をタンクに充填するときには、いったん八二MPaまで圧縮して蓄圧器にため、充填機（ディスペンサー）を通じてタンクに供給する。このとき水素の温度が上がらないように冷凍機で冷やしながら送り込む。そのためのホースやノズルも特別仕様できわめて高価だ。これらの機器一式だけでコストは四～五億円だという(図3-3)。

クルマが先かステーションが先か

二〇一四年一二月に発売されたトヨタ・ミライは、FCV世界初の市販車。初代プリウス以来のトヨタの矜持《きょうじ》が感じられるが、普及への道は平坦ではない。

ガソリン自動車の初期の最大のネックは、燃料の供給だった。ベンツ夫人が染み抜き剤のガソリンを薬局に買いに走ったのは、当時ガソリンスタンドなどどこにもなかったからだ。フォードがT型フォードの量産に取り掛かろうとしていた二〇世紀初頭のアメリカでも同様である。クルマの発展にはその燃料を供給するガソリンスタンドが不可欠だった。それから一〇〇年たって、ガソリンスタンドは世界中に普及した。プリウスは基本的にガソリン車だから、ガソリンスタンドが普及している国や地域であれば走行に何の問題もない。PHVはガス欠になっても家庭用電源から充電できる。短距離は電気自動車、遠出の時だけガソリンを充塡、という使い方もできる。自動車専門家には、〝エコカー〟の当面の解はプラグイン・ハイブリッドだという意見が多い。

ところがFCVミライには、ベンツ夫人と同じ状況が待ち受ける。燃料を売る店＝水素ステーションが限られているのだ。水素ステーションがなければ安心してFCVには乗れない。一方で、充塡装置一式を備えるだけで四～五億円もかかる水素ステーションを建設しても、走行するFCVが少なければ採算がとれない。日本ではただでさえ毎年多くのガソリンステーションが閉鎖や廃業に追い込まれて給油空白地域が各地に出現している。郊外や農村部では、水素ステーション

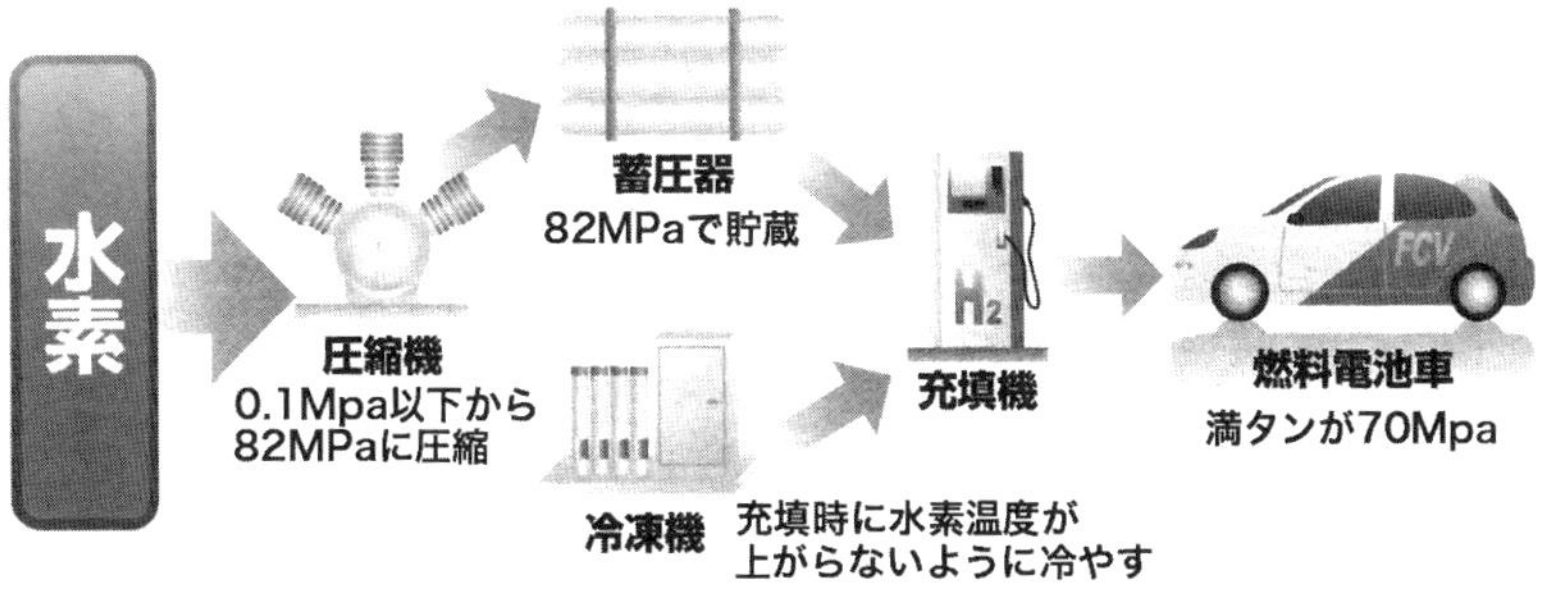

図3-3　水素ステーションの構成機器
出典：『週刊エコノミスト』2014年3月31日号（一部改変）

そのものがビジネスとして成り立たないだろう。

そこで政府は、水素ステーションの設置費用の半額補助に加え、その運営費用（ランニングコスト）も補助することにしている。トヨタ、日産、ホンダの三社も共同で水素ステーションの運営費用補助を決定した。しかし、このような多額の補助政策はいつまでも続けられるものではあるまい（アメリカではトヨタ自身が、水素ステーション事業者への融資や、合弁事業に乗り出すという）。

「水素社会」実現までの課題はあまりにも多い。給油インフラとエンジン自動車の普及には何十年もかかった。その経験があるにもかかわらず、わが政府は水素社会が「二〇四〇年ごろ実現する」と想定しているのである。その見通しは楽観的すぎるのではないだろうか。その中に見え隠れするもう一つのねらいについて次章で述べる。

4章　原子力水素

エネルギー基本計画

エネルギー政策基本法は、自由民主党を中心とする与党議員による議員立法として提案され、二〇〇二年六月に成立、同月に公布・施行された。同法に基づいて策定されるのが「エネルギー基本計画」である。

エネルギー政策基本法の成立経緯は込み入っている。同法成立の前、一九九〇年代は原子力発電所や関連施設の事故やトラブルが相次いだ。高速増殖原型炉もんじゅのナトリウム漏洩・火災事故(九五年)、東海再処理工場アスファルト固化施設での火災・爆発事故(九七年)、北陸電力志賀原子力発電所臨界事故(九九年)、東海村JCO核燃料加工場臨界事故(同)などだ。とくにJCOの事故は国際原子力事象評価尺度でレベル4、作業員二名が被曝による放射能障害で亡くなり、他に八〇名以上が被曝した。近隣住民の避難(半径三五〇メートル)・屋内退避(半径一〇キロメートル)が要請されたのも国内初のことだった。

原子力発電に対する疑問や批判が高まっていたことに加え、二一世紀に入るころから電気の需要そのものが頭打ちで、電力会社は危機感を強めていた。加えて、欧米で進む電力自由化や発送電分離の議論も国会内外でさかんになっていた。自然エネルギー(再生可能エネルギー)による電力の「固定買い取り」を電力会社に義務づける制度(フィード・イン・タリフ、ＦＩＴ)導入に向けての市民グループ・超党派の議員連盟が「自然エネルギー促進法」を国会に提出しようとしていた。

電力自由化に加え自然エネルギーの本格的導入となれば、原子力発電は消し飛んでしまうかもしれない。そこで電力族議員を中心に巻き返しが図られた。その一つが、二〇〇〇年に成立した「原子力発電施設等立地地域の振興に関する特別措置法」(原発振興特措法)。原発立地地域が振興計画を策定すれば、補助金や交付金、税制上の優遇を与えるという内容だ。二つ目は「電気事業者による新エネルギー等の利用に関する特別措置法」(通称ＲＰＳ法、〇二年六月公布)で、これは自然エネルギー促進法が国会提出寸前で頓挫した後、資源エネルギー庁が主導してまとめられた。両者は似たような制度に見えるが主旨は全く違う。この法律で電力会社は自然エネルギー電力の導入を義務づけられはしたものの、その比率はわずかなものだった。

そして三つ目が、先述の「エネルギー政策基本法」である。自由民主党内に立ち上げられたエネルギー総合政策小委員会(甘利明委員長)が〇一年にまとめた「エネルギー総合政策・七つの提言」が修正されたうえで、先のように当時の与党三党(自民・公明・保守)五四名の議員により国会に共同提出され、可決成立した。甘利氏はよく知られた電力族議員、ほかに東電副社長から参議院議員になった加納時男氏や通商産業省(現経済産業省)出身の細田博之氏も提出に加わっていた。法案に経産省や電力業界の意向が働いていたことはうかがい知れる。

この「基本法」の柱は安定供給の確保(エネルギーセキュリティ)、環境への適合、市場原理の活用の三つ。基本法である以上包括的な内容であるが、問題はその中に策定が義務づけられている

「エネルギー基本計画」だ。基本計画は、経済産業大臣の諮問機関である総合資源エネルギー調査会の基本計画委員会（一三年に再編後は基本計画分科会）で審議される。委員の選定には当然時の政権の意向が反映されるし、計画の素案をつくるのは官僚である。電力族議員も陰に陽に影響力を行使する。

原子力ありきの計画

初めての「エネルギー基本計画」は、二〇〇三年一〇月に閣議決定された（小泉純一郎政権）。その中では省エネルギーの推進とともにエネルギー源の多様化が掲げられ、「安全の確保を大前提に、核燃料サイクルを含め、原子力発電を基幹電源として推進する」と、石油依存度の低減とCO_2排出抑制の切り札として、原子力発電が位置づけられた。エネルギーセキュリティと環境（地球温暖化）とが、原子力発電・核燃料サイクル政策と明確に結びつけられ、国策としてお墨付きを与えられたわけだ。電力自由化に関しても、「原子力発電のような大規模発電と送電設備の一体的な形成・運用を図ることができるよう、発電・送電・小売を一体的に行う一般電気事業者制度を維持する」として既存電力会社の権益を守った。全体として、原子力寄り、電力会社寄りである。

そのエネルギー基本計画の中に、わずか一ページに満たない記述でポツリと入っていたのが「水素社会の実現に向けた取り組み」だ。水素を利用した定置用の燃料電池、燃料電池自動車の開発、水素源として化石燃料からの改質、原子力や太陽光、バイオマスを活用した水素の製造について触れている。2章で書いたように、当時は〝水素ブーム〟のさなかであったが水素をどのように得るかの議論は上すべりなままだった。そこに原子力が潜り込んでいた。

エネルギー基本計画は三年程度をめどに見直されるが、〇七年六月の第一次安倍晋三政権下での改定では、水素に関する記述にほぼ変更はない。それが民主党鳩山由紀夫政権下の一〇年六月には様変わりする。民主党は温室効果ガス削減を積極的に打ち出していたからだ。「二〇三〇年までにゼロ・エミッション電源の比率を七割にする」と宣言。ただし、原子力発電の新増設（少なくとも一四基）を前提とした計画であった。

ここで水素は、非化石エネルギー（原子力および再生可能エネルギー）、化石エネルギーと並ぶ将来のエネルギーの三本柱の一つに位置づけられた。実現にむけた施策も具体的になり、すでに家庭用燃料電池システム「エネファーム」が実用化され、一五年を目標に燃料電池自動車（FCV）の発売も視野に入っていたためと思われる。ただ、水素の製造については「化石燃料由来の水素にCCS（CO_2回収・貯留技術）を組み合わせた水素製造技術や、バイオマス等の再生可能エネルギーからの製造技術の開発・利用等を推進する」と未確立の技術をあげるにとどまっており、水素製造への「原子力」利用という言葉は見られない。

その翌年、エネルギー政策そのものの根幹を揺るがす事態が出来する。

ポスト三・一一と水素

二〇〇九年秋の総選挙に大勝して政権交代を実現し、華々しく登場した民主党鳩山政権は、米軍普天間基地移設問題をこじらせて九か月ももたずに退陣した。原子力発電と再生可能エネルギーで温室効果ガスを減らそうというエネルギー基本計画を一〇年六月に閣議決定したのは、後を襲ったばかりの菅直人政権だった。ところが、一一年三月一一日の東北地震・大津波で、運転中だった東京電力・福島第一原子力発電所の一〜三号機が炉心溶融（メルトダウン）、水素爆発を起こし大量の放射能をまき散らしてしまった。この事故を受けて菅氏は「将来的な脱原発」を掲げ、自らが閣議決定したエネルギー基本計画の白紙見直しを表明した。

しかし与野党を巻き込んだ「菅おろし」の渦の中、再生可能エネルギー電力の固定買い取りを義務づけた「再生可能エネルギー特措法」成立と引き替えに、菅氏は一一年九月に退陣。菅氏がめざした「革新的エネルギー・環境戦略」の策定は次の野田佳彦政権に引きつがれた。一年後、一二年九月に発表された同「戦略」は、パブリックコメントに寄せられた圧倒的多数の「即時廃炉」の声を反映せず、二〇三〇年代に原発稼働をゼロにするというかなり後退した内容だった。その年の暮れの総選挙での民主党の敗北、安倍晋三自民・公明連立政権の誕生により、それすらも反故《ほご》にされていく。

新たな「エネルギー基本計画」は結局、第二次安倍政権下で策定され、一四年四月に閣議決定された。そこには福島第一原発事故への反省の一方で、原発停止の影響で化石燃料の輸入量が増えていることを「国富の流出」と表現し、至るところに原子力発電再稼働への布石となる記述がちりばめられている。

中で注目されるのは、「〝水素社会〟の実現に向けた取組の加速」という一項である。「（水素は）無尽蔵に存在する水や多様な一次エネルギー源から様々な方法で製造することができるエネルギー源で」あり、「将来の二次エネルギーの中心的役割を担うことが期待される」として、定置型燃料電池、燃料電池自動車、水素発電、製造・輸送・貯蔵技術開発などについて、微に入り細にわたって記述されている。「取り組むべき技術課題」の項では、「水素の製造から貯蔵・輸送、利用に関わる技術を今から着実に進めていく。（中略）固有の安全性を有する高温ガス炉など、安全性の高度化に貢献する原子力技術の研究開発を国際協力の下で推進する」とある。

一四年六月二四日、安倍政権は次年度予算編成のための「骨太の方針」（経済財政運営と改革の基本方針二〇一四）を閣議決定。その中に「エネルギー基本計画」を受けたかたちで、原子力発電所の再稼働とともにやはり「高温ガス炉」が言及されていた。

翌六月二五日、かねてより燃料電池自動車（ＦＣＶ）の市販に向けて開発に取り組んでいたトヨタは開発進捗《しんちょく》状況説明会を開催し、セダンタイプの新型ＦＣＶを国内で年内に発売すると発表した。予定価格は七〇〇万円前後とし、リース販売していたころの「一台一億円以上」に比べて大幅に下げた。車名は一一月の正式発表までに「ミライ」と決まった。

水素議連

二〇一四年のエネルギー基本計画策定前後の流れの裏に、「ＦＣＶを中心とした水素社会実現を促進する研究会」（水素議連）がある、というのが、事情通の見立てである。一三年六月二六日に自民党の小池百合子元防衛相・環境相を会長に、副会長に河野太郎・田中和徳両衆議院議員、事務局長に福田峰之衆議院議員が就任して発足した同研究会には、経産省や国土交通省などの省庁、トヨタ、日産、ホンダの三大自動車メーカー、JX日鉱日石エネルギー、岩谷産業、川崎重工業のエネルギー・重工企業も参加、企業側の事務局はデロイトトーマツコンサルティングが務める。参加企業はその後、プラント、不動産、重電、家電、通信や小売りなどにも広がり、議員連盟としては一〇〇名余の自民党議員を集めた（一五年六月現在一五〇名に増加）。同研究会はその後頻繁に会合を開くとともに、政府に対する働きかけを行ってきた。

一四年のエネルギー基本計画に水素エネルギーが詳しく盛り込まれたのも同研究会の働きかけが大きい、と言われる。独立行政法人新エネルギー・産業技術総合開発機構（NEDO）が一四年七月にまとめた『NEDO 水素エネルギー白書』にも同研究会の考えが色濃く反映されているという。

東京都の水素戦略

猪瀬直樹前東京都知事の辞任を受け、二〇一四年二月の都知事選挙に立候補した舛添要一氏は、二〇二〇年に開催される東京オリンピック・パラリンピックでの電気自動車・バス、燃料電池自動車・バスの利用を主要政策の中に掲げた。舛添氏が都知事に就任後の三月には、日本オリンピック委員会（JOC）副会長に豊田章男トヨタ自動車社長が就任した。五月には環境局に「水素社会の実現に向けた東京戦略会議」（座長：橘川武郎・一橋大学大学院教授）が設置された。同会議の委員にもトヨタをはじめとする自動車メーカー、エネルギー、重工、プラント企業が並び、「水素議連」参加企業とかなり重なっている。事務局はやはりデロイトトーマツだ。

「戦略会議」は一一月一八日に「まとめ案」を発表した。同じ日、トヨタは「ミライ」の記者発表会を実施した。ちなみに水素議連の小池百合子会長は一四年の都知事選で舛添氏を支援した自民党東京都連の会長代理、知事選にあたって〝水素オリンピック〟を舛添氏に提言したという。

きわめて明解な流れの中で、政財官をあげて「水素社会」への道筋がつくられていることがわかる。その中心には「水素議連」があり、そこに参加する企業群の中でもとりわけトヨタの存在が浮き立つ。つけ加えるとこの時期、トヨタとテスラは袂《たもと》を分かちつつあった。

このように整理してみると、三・一一以降、とくに第二次安倍政権以降、潮目が変わったように見える。

――資源も持たないわが国にとって自前のエネルギー源を持つことはきわめて重要。温暖化対策にもなる原発は基幹（ベースロード）電源として不可欠。しかしそれが事故で行き詰まってしまった。水素エネルギーはそれに代わるものになりうる。何より電源だけでなく、燃料にもなる。新時代の産業をリードするためにも水素社会を何としても実現しなければならない――という論理である。

しかし、先に見たように水素という資源は、何か別のエネルギー源から、あるいは別のエネルギー源を使って、つくり出す必要がある。そのため資源とコストの制約から逃れられない。そのエネルギー源を天然ガスや褐炭に頼っている限り、エネルギーの海外依存からも脱却できない。

どうやってその制約を逃れるのか、そもそもその方法はあるのか……。そこに浮かび上がってくるのが、「高温ガス炉」ということになる。

一四年六月二五日、すなわち「骨太の方針二〇一四」が閣議決定された翌日、かつトヨタがFCVの市販計画を発表した日、文部科学省は「エネルギー基本計画」や「骨太の方針」を受けたかたちで、原子力科学技術委員会の下に「高温ガス炉技術研究開発作業部会」を設置した。同作業部会は、六月三〇日の第一回会合後、八月二八日まで矢継ぎ早に全五回の部会を開催して、九月には『高温ガス炉技術開発に係る今後の研究開発の進め方について』という報告書をまとめた。きわめて素早い動きだと言えよう。

高温ガス炉

高温ガス炉(high temperature gas cooled reactor)とは、新型の原子炉である。とはいえ、そのコンセプトは一九五〇年代からあった。イギリスで高温に耐える被覆核燃料が開発され、その実験炉(DRAGON炉)が六四年に初臨界に達した。

当時すでに沸騰水型・加圧水型の軽水炉やCANDU炉(重水炉)といった第二世代炉が実用化され各国で建設が進んでいたが、その先の改良型である第三世代炉の開発に加え、第四世代炉の構想・研究も進められていた。その代表格が高速増殖炉と高温ガス炉である。

軽水炉では冷却材兼エネルギーの媒体として水を使うが、高温ガス炉ではヘリウムガスを使う。ヘリウムは高温でも不活性なため、もし万が一原子炉が暴走しても熱分解や金属などとの反応は

表4-1 高温ガス炉のメリットと言われる項目

• 冷却材(ヘリウム)が喪失した場合でも，制御棒の緊急挿入による自動停止を行わなくても，原子炉出力が自然に低下して，安定化する． • 熱伝導や熱放射により自然に原子炉の崩壊熱が除去され，原子炉は安全な状態に静定する． • 炉心構造物(黒鉛)の耐熱温度が高いため，原理上，熱による炉心溶融の危険性が低い． • 燃料の二酸化ウランは硬く耐熱性の高いセラミックスにより被覆されており破損しにくい．放射性物質の閉じ込め性能が高い． • 高温熱を供給できるため発電利用でも効率がよい．水素の熱化学分解に利用できる．また廃熱を利用することで総合効率が向上する． • 軽水炉に比べて燃料のウランの節約になる． • 非化石燃料であり，その資源節約と CO_2 の排出削減に貢献できる．

起こさないし、燃料被覆材は高温に耐えるセラミックスなので溶融や水素爆発の心配もない(福島第一原発事故では、燃料被覆管のジルコニウムが高温になり水蒸気と反応して水素が発生、爆発した)。また、中性子を吸収する減速材には熱容量の大きい黒鉛(グラファイト)が用いられ、軽水炉や高速増殖炉に比べて出力密度も小さいため、炉心の急激な温度変化がない、つまり炉心損傷、メルトダウンが起こりにくいという。

最大の特長である高温をつくり出せることから発電効率も高く、水蒸気タービンを使った場合で四〇%、ヘリウムガスを直接使うヘリウムガスタービン発電だと五〇%が期待できる。軽水炉による発電効率が三〇〜三五%であるのと比べれば大きな差だ。

まさに夢の原子炉のように見えるが、配管の破断や炉心の損傷で大量に空気が流入すれば、黒鉛火災を起こす可能性がある。また軽水炉のように一基が熱出力三〇〇万キロワットを超えるような大型化が難しく、現状では熱出力六〇万キロワット(発電出力で三〇万キロワット)が最大の規模

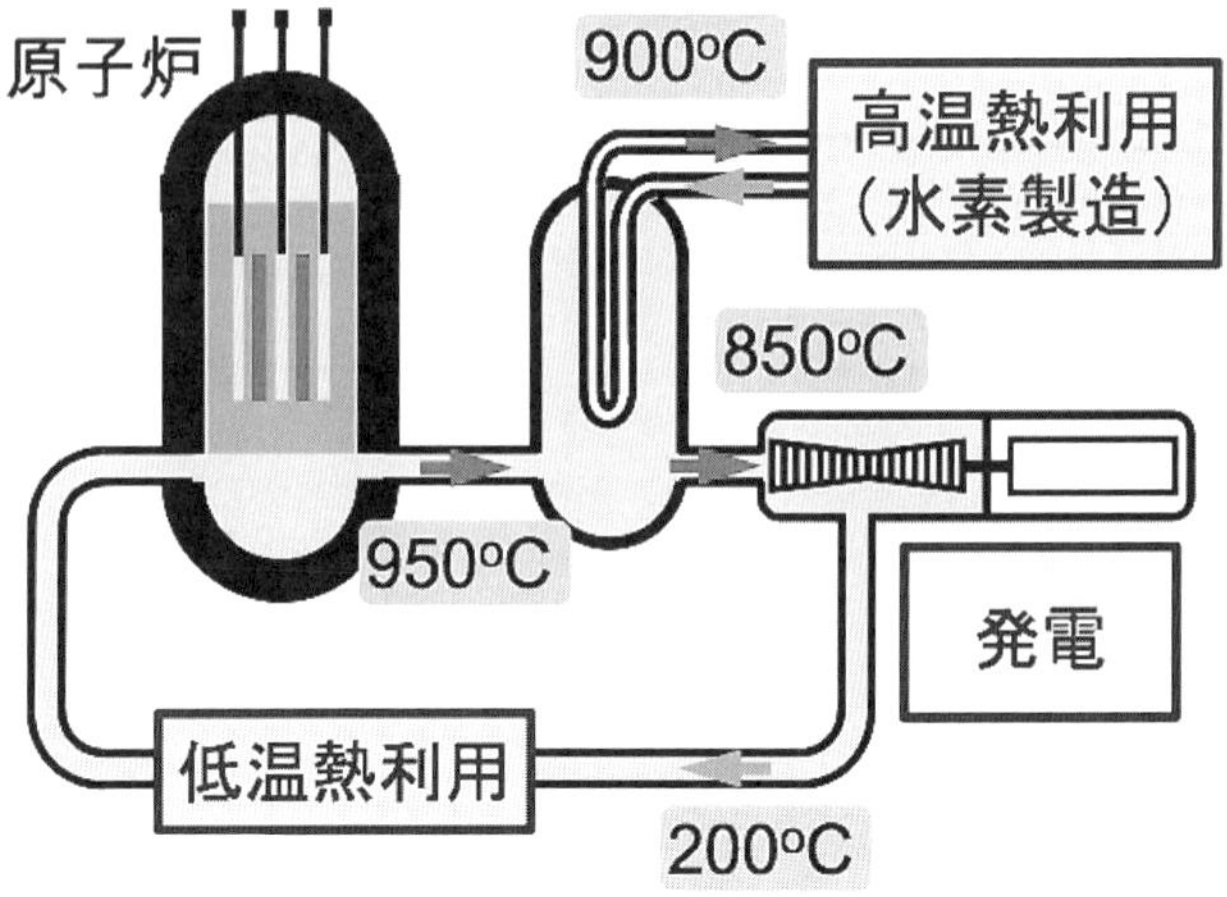

図 4-1　熱電併給用高温ガス炉システム

出典：原子力科学技術委員会(高温ガス炉技術研究開発作業部会)第 5 回，参考資料 2-1「高温ガス炉に関する研究開発の経緯と現状について」，2014 年 9 月 1 日

とされる。それがコスト増となり開発が停滞してきた。しかし小型でも効率が高く、冷却に水を使わないことから、海岸での集中立地の必要もなく「分散型電源」に向くといわれる。中規模の都市に一つ高温ガス炉発電所を建設し、熱電併給システムも併設すれば、ウラン２３５の核分裂・崩壊エネルギーの八割が利用できるというわけだ。ウラン燃料を節約でき、その分核廃棄物も減らせる。使うところで電気を起こすから過疎地に立地を押しつけることもない。ただし、いくら「安全」と言われても果たして都市住民が原子炉を身近に受け入れるかどうかは疑問だが。

高温ガス炉による水素製造

高温ガス炉で九〇〇℃以上の温度が実現すれば、前章で紹介した水の熱化学分解で効率的な水素製造が可能ということになる。それが「原子力水素」だ。高温ガス炉で水素製造を行い、同時に発電もし、廃熱も活用するトリプルジェネレーション構想もある(図4-1)。

国が描く高温ガス炉を中心とした「水素エネルギー社会」の将来像は、各都市がそれぞれ高温ガス炉を持ち、そこから水素を得て、その水素を自動車燃料、水素発電などに必要に応じて使う、というものだ。

夢の核燃料サイクルの現状

ここでもう一つの次世代炉、高速増殖炉のたどってきた道をみておこう。

増大するエネルギー消費に直面する高度成長期の日本にとって、原子炉と燃料の国産化は、まさに悲願だった。燃料になるプルトニウム239を製造しながら発電する高速増殖炉を核とした核燃料サイクルの研究開発は、だからこそ国策とされたのである。

その推進機関として一九六七年に設立されたのが、特殊法人の「動力炉・核燃料開発事業団」(動燃、九八年に核燃料サイクル開発機構に改組・改称)である。それまで日本の原子力技術の研究開発を主に担っていたのは原子力研究所(原研)で、順当ならば高速増殖炉の研究もここで行われるはずだった。だが、国学院大学経済学部の菅井益郎教授(日本経済史、日本公害史)によると、当時の原研労働組合は「核の平和利用推進」を掲げる一方で、組合員の待遇や研究条件をめぐって頻繁にストライキを打つ労働組合の一つだったという。

「当時の組合執行部は共産党系で、原発の安全性に関しても問題にしていた。そうした状況をきらった国が、原子燃料公社（五六年設立）を吸収するかたちで動燃を設立した」

一方の高温ガス炉の研究開発は原研で続けられた。重厚長大産業を中心とした高度成長期の当時、製鉄に石炭を使わず原子炉の高温を直接使おうというもくろみもあったという。だが、その扱いは高速増殖炉に比べると格段に小さかった。

熱出力七・五万キロワット（最終的に一四万キロワット）の高速増殖実験炉「常陽」は、七一年に茨城県大洗町で建設が開始され、七七年に初臨界を迎えた。ＭＯＸ燃料（酸化プルトニウム・酸化ウラン混合燃料）を用いて核分裂しないウラン２３８を核分裂性のプルトニウム２３９に変えながら運転、炉心は溶融金属ナトリウムで冷却される。

常陽で得られた試験データや技術をもとに建設された原型炉の「もんじゅ」（熱出力七一・四万キロワット）は、八三年に着工され、九四年に臨界を達成した。ところが、九五年一二月八日、出力を四三％に上げたところで二次冷却系で溶融ナトリウムが噴出、空気中の水分や酸素と激しく反応して炎上した。システムの根幹に関わる深刻な事故だった。動燃はこの事故について県や市へ直ちに通報しなかったことに加え、事故直後に現場で撮影されたビデオは非公表、その後の現地調査ビデオは編集したうえで公表した。こうした動燃の体質は当然厳しく批判された。動燃は九八年に核燃料サイクル開発機構に改組された後、〇五年には原研と統合され、日本原子力研究開発機構（原子力機構）となる。二つの次世代炉の開発をめぐって別々の道を歩んできた二つの組織は、結局一つになったわけである。

その後「もんじゅ」は再稼働をめざして改造工事を行い、ようやく一〇年に試運転再開にこぎ着けるが、ここでもトラブルが続出、さらに燃料交換の際に中継装置を落下させるという失態を演じた。中継装置は二四回の引き上げ失敗の後、一一年六月になってようやく回収できた。

実験炉「常陽」の方も、〇七年に照射試験用実験装置の上部が大きく破損するという事故を起こし、運転休止に至った。

高温ガス炉の方はどうなったか。

原子力研究所では実験炉となる高温工学試験研究炉「ＨＴＴＲ」（熱出力三万キロワット）を九一年に着工、九八年には初臨界を迎えた。同じ開発フェイズの「常陽」に比べれば約二〇年遅れ。「もんじゅ」の事故で逆風の中にあったからか、大きな報道はされなかった。「ＨＴＴＲ」はその後〇一年には出口温度八五〇℃、〇四年には同じく九五〇℃を達成した。

叩かれる「もんじゅ」

軽水炉（沸騰水型＝ＢＷＲ、加圧水型＝ＰＷＲ）は度重なる事故やトラブル、そして福島第一原発の苛酷事故により、完全に信頼をなくしてしまった。その先にあるはずの、夢のエネルギー「核燃料サイクル」も、その中核となる高速増殖炉「もんじゅ」（原型炉）で数々のトラブルが続いたのに加え、原子力規制委員会設置後の二〇一二年には保安規定違反となる一万点近い機器の点検もれが発覚、原子力機構のずさんな安全管理体制が厳しい批判を浴び、一三年五月に原子力規制委員会から運転再開準備の禁止命令を受けてしまった。

一四年度の検査でも多くの保安規定違反が明らかになり、「田中俊一（原子力規制）委員長は「もんじゅはもう話をするのも嫌になるくらい、毎回こういう事態が起こっている」と嫌悪感をあらわにした」(産経新聞二〇一五年五月一二日)と書かれる始末。原子力機構の管理体制に疑問が呈され、規制委員会に完全に見放された状況にさえ見える。

一方、原子力機構の大洗研究所には三・一一以降停止したままの「HTTR」がある。こちらは建設以来大きなトラブルもなく、出口温度も九五〇℃を達成して世界最先端の水準にある。

原子力規制委員会の田中俊一委員長は、原子力機構の一方のルーツ、高温ガス炉を研究してきた旧原研の出身である。田中委員長が見せる「もんじゅ」への冷淡さをみると、ついそんな背景を思い浮かべてしまう。では日本は高速増殖炉・核燃料サイクル政策から撤退し、高温ガス炉へとシフトするのだろうか? しかし、ことはそう簡単ではない。

核燃料サイクル政策との矛盾

一つには使用済み核燃料の存在がある。高温ガス炉は軽水炉に比べ出力あたりの使用済み燃料の量が少なくなるが(原子力機構の説明では単位発電量あたりで軽水炉の四分の一程度)、それでも長期間管理が必要なやっかいな核廃棄物が残る。核廃棄物の後始末ができないという意味では軽水炉も高温ガス炉も同じだ。すでに大量に溜まっている使用済み核燃料の最終処分場も決まらない(決められない)状態で、どうして新たに出てくる使用済み核燃料が受け入れられようか。*

さらに頭の痛い問題がある。先の文部科学省「高温ガス炉技術研究開発作業部会」の第四回会合(二〇一四年八月六日)で、委員の小竹庄司日本原子力発電(株)執行役員が次のように指摘している。

「核燃料サイクル、いわゆる再処理を前提としたシステムとして原子力を考える、これは我が国におけるこれまでの原子力開発の基本にあったと思いますが、それを前提として（報告書が）書かれるのか、あるいはそこをあやふやにしてはっきりせずに、どちらでも行けますよと書くのかで随分スタンスが変わってくる」（「原子力科学技術委員会　高温ガス炉技術研究開発作業部会〈第四回〉議事録」）

「（高温ガス炉の）被覆粒子燃料は非常にタフで安全な燃料ですけれども、それの弱点がいわゆる再処理の難しさと言われて、世界では再処理路線から外れている」（同議事録）

次世代原子炉として高速増殖炉と高温ガス炉は、核燃料の利用方式というそもそもの出発点の思想が全く異なっている。前者は核燃料を再利用して燃料を長持ちさせるだけでなく、プルトニウム239を生み出して燃料化しようというものだった。これに対して高温ガス炉はウラン235をできるだけ無駄なく使い、資源を使い伸ばすが、リサイクルは前提にしていないのである。これはこれまでの国の原子力政策＝核燃料サイクル政策の根幹に関わる問題だ。「もんじゅ」稼働のめどが立たない現状で、決してリサイクルにならないＭＯＸ燃料を軽水炉で燃やしてまで、わが国が危険な使用済み核燃料の再処理＝プルトニウムの抽出を進めようとしているのは、その前提に将来的な核燃料サイクルの確立によるエネルギー自立の達成という国策があるからだ。

ところが肝心の青森県六ヶ所村再処理工場はトラブル続きで一向に操業できそうな気配がなく、国産ＭＯＸ燃料製造も雲行きが怪しい。二〇一三年にむつ市に完成した使用済み核燃料の中間貯蔵施設（最長五〇年）も〝開店休業〟状態だ。もちろんこれらは使用済み燃料の再処理が前提でつくられた施設であり、青森県は最終処分を受け入れておらず、もし核燃料サイクル政策中止となれば、日本原燃との覚書に基づきこれまで六ヶ所村に運び込まれている使用済み燃料の引き取りを求める姿勢である。各発電所には使用済み燃料を保管する余裕はなく、その時点で多くの原子力発電所が稼働できなくなる。

一方でプルトニウムを持つことが、その気になれば核兵器に転用できるというオプション、つまり〝潜在的核抑止力〟につながっていることは公然の秘密。そのためにも表向きは核の平和利用である核燃料サイクル政策を維持する必要がある。

このように簡単に「核燃料サイクルをやめます」と言えない事情が国にはある。言ったとたんに、日本の既存原発は動かそうにも動かせなくなるし、核兵器転用可能なプルトニウムが宙に浮いてしまう。実際、一二年の民主党政権による「革新的エネルギー戦略」は、三〇年代に原発ゼロを打ち出しながら核燃料サイクルは継続するという矛盾に満ちたものだった。「戦略」は安倍政権になって反故にされたものの、高温ガス炉推進政策をとるとなれば同じリスクがつきまとう。

＊二〇一五年五月、高レベル放射性廃棄物の最終処分地選定について、それまでの公募から国が候補地を示して調査を要請する方式に転換することが閣議決定された。

二〇三〇年に間に合うのか

高速増殖炉は一九五六年に原子力委員会がまとめた「原子力開発利用長期基本計画」に基本構

想として記載されており、六一年の「原子力の研究、開発及び利用に関する長期計画」では七〇年代後半に実用化の目標が置かれていた。それが動燃が設置された六七年の計画では、八〇年代後半になり、七二年の計画では八五〜九五年、七八年の計画では九五〜二〇〇〇年に、さらに八二年計画では二〇一〇年ごろに先送りされた。八七年計画では二〇二〇〜三〇年ごろに「技術を確立」と大幅に後退、九四年計画ではその技術確立も二〇三〇年ごろとされた。〇六年の「原子力立国計画」では、実証炉の導入は二〇二五年、二〇五〇年に商用炉の実現とされた。

本来ならとうに高速増殖炉が稼働し、核燃料サイクルも完成しており、日本はエネルギーの心配などいらない国になっているはずだった。それがまるで逃げ水のように次々と先送りされて、当初の構想からおよそ一〇〇年もたってようやく実現するというのである。現実には高速増殖炉も核燃料サイクルも完全に破綻状態にあると言っていい。

だからといって、高温ガス炉に未来があるかどうか、それもまた不確かだ。同じころに出発した技術でありながら、やはり先進国では研究開発が中止されてしまっているからだ。軽水炉に比べて安全性が高く、事故のおそれは小さいというのも理論上の話に過ぎない。

早くから高温ガス炉に取り組んだドイツの実験炉ＡＶＲは、燃料の球体《ペブル》から核分裂生成物が漏れて炉心を汚染したことが廃炉作業中に明らかになった。ドイツでは原型炉ＴＨＴＲ‐３００も建設されたが、高温ダクト内の断熱板のボルトが破損した事故をきっかけにして八九年に運転終了している。アメリカのコロラド州フォート・セント・ブレイン発電所では、熱出力八四万キロワット、電気出力三三万キロワットの高温ガス炉が七四年に初臨界、七九年に商用運転を開始し

表 4-2　原子炉の開発プロセスと次世代炉の開発段階

開発フェイズ	内容	高速増殖炉	高温ガス炉
実験炉	開発初期段階に，基礎的な研究開発を行うために建設・運転される小規模な原子炉.	常陽 (71 年着工，77 年初臨界)	HTTR (91 年着工，98 年初臨界)
原型炉	発電用施設としての性能を確認したり，大型化することが技術的に可能かどうか評価したりするために，実験炉の次に建設・運転される原子炉.	もんじゅ (85 年着工，94 年初臨界，95 年ナトリウム漏洩事故)	?
実証炉	実用規模の発電施設として技術的信頼性を実証し，経済性の見通しを得るために建設・運転される原子炉.	2025 年ごろ？	?
実用炉	実用に供される原子炉．商用炉とも.	2050 年ごろ？	2030 年代？

参考：デジタル大辞泉ほか

たが、水の進入トラブルや稼働率が低かったことなどから八九年に運転を終了した。その後ドイツでは高温ガス炉の開発計画は中止された。アメリカではより高温の得られる新型炉の開発が進められているが、計画は予定より大幅に遅れている。

現在高温ガス炉に取り組んでいる国々の中でも、韓国は実験炉の段階にも至っていないし、中国の実証炉は開発を中止したドイツの技術を導入したもので、しかも九〇〇℃の出口温度を達成していないため「第三世代炉」とされている。高温ガス炉に関しては、国際的な安全設計基準の議論さえ始まっておらず、まだ何もかも手探りの状態なのだ。

先の高温ガス炉技術研究開発作業部会がまとめた報告書『高温ガス炉技術開発に係る今後の研究開発の進め方について』には目標がはっきりと示されているわけではないが、作業部会では二〇三〇年代に周辺技術も含めて高温ガス炉による水素製造を実現していることを念頭に議論がなされている。

ＨＴＴＲは高速増殖炉で言えば常陽にあたる。高速増殖炉の原型炉「もんじゅ」は、着工から初臨界まで九年かかり、その翌年に致命的な事故を起こした。今後高温ガス炉の原型炉でも想定外のトラブルが起こり、それによって開発が遅れ、高速増殖炉同様、技術の確立・実用化が次々と先送りされていくことになるかもしれない。ＩＳプロセスのような水素製造に必要な周辺技術もまだ実験室段階なのである（表4-2）。「原子力水素」の先行きにも、長く曲がりくねった道が待ち受けていると思わざるをえない。

おわりに——ポストクルマ社会の議論を

一〇〇年後の乗り物

いま存在する乗り物の中で、一〇〇年後に確実に残っているものは何か、という問いがある。答えは、自転車。馬と答えた人もいた。たしかにどちらも残っていそうだ。いずれも、外部からエネルギーを補給せずに走る（馬の場合は飼い葉を食わせなければならないが……）。では、自動車はどうなるだろうか。

現在の自動車産業の基礎をつくった「T型フォード」誕生（一九〇八年）から一〇〇年以上が経過した。この間自動車は家電製品とともに二〇世紀を象徴する消費財となり、先進国の経済発展を支えてきた。また自動車のもたらす恩恵はライフスタイルを変え、社会や都市の姿形を変えた。まさに自動車は二〇世紀の文明をつくったと言える。

自動車ができたのは石油時代の初期であり、当時は恐ろしく燃費が悪かった。ベンツやフォードなど自動車産業のアントレプレナー（起業家）たちは、燃費向上などよりも、モデルにした馬車を超える乗り心地やスピード、制御のしやすさなどの性能をいかに高めるかと同時に、価格をいかに低下させるかということに心血を注いだ。

しかし、それは資源と環境の限界を考えずにすんだ時代のこと。エンジンで燃やされるガソリンのもつエネルギーはエンジン廃熱、空気や道路の摩擦、ブレーキングで失われてしまい、推進力に使われるのはわずか数%でしかない。その推進力も乗っている人間(一人しか乗っていなければ一〇〇キログラム未満)よりも、一〜二トンもある自動車そのものを運ぶために使われる。そんな自動車が、世界中で一一億台以上も走っている。〝クルマ社会〟を支えてきたものはこんな壮大な無駄だった。

しかし二一世紀を迎えてその先行きはかなり不透明になっている。自動車はこのままでいいのか、一〇〇年後にも今のような形のままで自動車は存在し続けることができるのか。だとしたらどのような燃料が使えるのか。

その解が「水素」だと燃料電池自動車(FCV)や水素社会の推進者は言う。たしかに、ガソリンや軽油から水素を燃料に使う車にすることで自動車の持つ問題のいくつかは解消するが、水素を燃料として使うことには、大きな矛盾や疑問があることは前章までに見てきた通りである。では、テスラモーターズのイーロン・マスクCEOが言うように、決め手はバッテリー電気自動車(EV)なのか? それにもまた課題がたくさん残っている。

自動車の非効率さ

他の移動手段と比べてみよう。運転手一人だけが乗るガソリンエンジン自動車の燃費が、平均一〇キロメートル／リットルだとすると、一人の人間を一キロメートル運ぶのに、約一〇〇ミリリットルのガソリンを使っていることになる。ガソリンの熱量は七九〇〇キロカロリー／リットルなので、一人の人間を一キロメートル運ぶたびに約七九〇キロカロリーを消費する。同じ一キロメートルを歩いて移動したら、消費エネルギーはせいぜい四〇キロカロリーですむ。自転車なら二〇キロカロリー以下だ。一人で自動車に乗って移動すると、歩いたときの二〇倍、自転車の四〇倍のエネルギーを消費することになる。さらに鉄道と比べてみても九・五倍となる。

移動手段としての自動車は、このようにきわめて非効率なものである。しかもそれらの車両は、七〜一〇平方メートル、四畳半の部屋ほどのスペースを占有している。五〇台の車が並ぶと、車間距離の分を入れて道路三〇〇〜四〇〇メートル分になる。そのおかげで、道路は車で満たされ、渋滞と排気ガス汚染をもたらすことになる。自動車はそれ以外にも、交通事故、騒音、振動、地域コミュニティの崩壊、道路や駐車場建設による緑地や農地の喪失、野生生物の移動を妨げ事故死（ロードキル）を招くなど、さまざまな社会的・環境的損失をもたらしてきた。

〝当面の解〟とされるＰＨＶ、あるいはＦＣＶやＥＶになっても、自動車の持つ根本的な非効率さや社会・環境に与える損失はそれほど変わらない。走る場面ではクリーンであっても水素製造時や発電時にCO_2を発生させるし、重さや大きさに起因するインパクトは同じである。プリウスＰＨＶの車重は一四四〇キログラム。同クラスのガソリン車の装備に加えてモーターとバッテリーを積んでいることで、サイズも車重も大きくなっていることは否めない。バッテリーとモーターは日常用途を、ガソリンエンジンは遠乗りやバッテリーとモーターのバックアップを想定しているが、全体が重くなることで使用頻度の高い日常用途でのエネルギー効率を悪くしてしまう。ＦＣＶも同様だ。トヨタ・ミライの車重は一八五〇キログラム、ホンダのＦＣＸクラリティは一六三〇キログラムもある。

テスラモーターズのマスクCEOも、従来の自動車をEVに置き換えるという発想に立っている限り、その問題から抜け出せない。航続距離を伸ばすために、ロードスターのバッテリー重量は四五〇キログラムもある。ボディにカーボンファイバーを使うなどして車重を一二七〇キログラムに抑えてはいるが、その車重の三分の一以上をバッテリーが占めているのだ。

自動車は小さく軽く遅く

自動車はそもそも過剰性能ではないのか。買い物や通勤・通学のために、最高時速一八〇キロメートル、航続距離四〇〇キロメートル、四〜七人乗りなどという性能が必要なのだろうか。PHVにせよFCVにせよEVにせよ、日常用途も休日のドライブも一台の車で満たそうとするのは欲張りすぎなのではないか。

実は自動車と自動車中心社会がもたらす数々の問題を解決するうまい方法がある。それは自動車を小さく、軽く、そして遅くすることだ。自動車の消費エネルギーは、空気抵抗と転がり抵抗に大きく左右される。空気抵抗は速度の二乗に比例し、転がり抵抗は重さに比例する。つまり速度を遅く、重量を小さくすれば、それだけエネルギー消費が少なくてすむのである。

実際、乗用車一台あたりの月間平均走行距離は三八〇キロメートル、うち五八%が三〇〇キロメートル以下である。すなわち、乗用車の六割近くは一日平均一〇キロメートル以下しか走っていないことになる。そして、八割以上が二人以下の乗車人数なのである。二人乗りで、時速三〇〜五〇キロメートル、航続距離も五〇キロメートル程度のマイクロカーがあれば、日常用途のほとんどは間に合うはずだ。

わが国では、すでに人口の九割以上が都市およびその郊外に住んでいる。そうした中で高齢化を迎えることを考えたとき、コミュニティレベルの移動手段、都市間交通を、都市や国土のあり方とともに考えていかなければならない。当面は旧来のシステムと共存しながらも、より効率的で持続的な移動手段とコミュニティの姿をいまから議論していかなければならない。「水素社会」への過度な期待が、本質的な問題をかすませ、そうした議論を追いやってしまうことを懸念している。

つまるところ、水素社会は資源とエネルギーを求めてやまない収奪思想の延長にあり、持続可能なものではない。それどころか成立すら危ぶまれる。ところがこのところの水素やＦＣＶに関するメディア報道を眺めていると、行政機関・企業の発表をそのままなぞっただけで、歓迎論、〝バラ色の未来〟論ばかりが目立つ。きちんとした検証にもとづく冷静な報道がほとんど見あたらないのだ。かつての原子力発電＝核の平和利用に対するメディアの報道姿勢を思い起こさずにいられない。そんなことがこの本を書こうと思った理由である。

ブックレットという制約から、ポストクルマ社会のあり方についての考えをまとめるだけの紙幅がなかった。それについては、また機会をあらためたい。本書は問題提起という形で締めくくることにする。

〔参考文献〕

高橋武彦『燃料電池　第二版』共立出版、一九九二年
石丸公生『地球にやさしい天然ガス燃料電池』日刊工業新聞社、一九九四年
平田賢(監修)『ＰＥＭ・燃料電池入門』環境新聞社、一九九九年
水素エネルギー協会編『水素エネルギー読本』オーム社、二〇〇七年
新エネルギー・産業技術総合開発機構『ＮＥＤＯ水素エネルギー白書』日刊工業新聞社、二〇一五年
西尾漠『原子力・核・放射線事故の世界史』七つ森書館、二〇一五年
和田長久『原子力と核の時代史』七つ森書館、二〇一四年
「トヨタを本気にさせた水素革命の真実」、『週刊ダイヤモンド』二〇一四年一〇月二〇日号

小澤祥司
環境ジャーナリスト．1956年静岡県生まれ．東京大学農学部卒業．出版社勤務などを経て独立．取材活動のかたわら，環境学習・環境保全活動の支援・自然エネルギーの普及・持続可能な地域づくりなどのプロジェクトにも携わってきた．3.11以降，福島県飯舘村の放射能汚染調査，支援活動に取り組んでいる．著書に『メダカが消える日――自然の再生をめざして』，『コミュニティエネルギーの時代へ』，『エネルギーを選びなおす』(以上岩波書店)，『飯舘村　6000人が美しい村を追われた』(七つ森書館)，『減電社会　コミュニティから始めるエネルギー革命』(講談社)ほか．

「水素社会」はなぜ問題か
――究極のエネルギーの現実

岩波ブックレット 931

2015年8月4日　第1刷発行

著　者　小澤祥司《おざわしょうじ》

発行者　岡本　厚

発行所　株式会社 岩波書店
〒101-8002 東京都千代田区一ツ橋2-5-5
電話案内 03-5210-4000　販売部 03-5210-4111
ブックレット編集部 03-5210-4069
http://www.iwanami.co.jp/hensyu/booklet/

印刷・製本　法令印刷　装丁　副田高行　表紙イラスト　藤原ヒロコ

ISBN 978-4-00-270931-4　Printed in Japan

930
和解は可能か――日本政府の歴史認識を問う
隣国との和解のために、何が必要なのか。政府の歴史認識とは、どうあるべきなのか。中国人強制連行など多くの戦後補償裁判の現場で、被害者と加害者の和解を追い求めてきた経験から、戦後和解への道筋を提唱する。

内田雅敏

929
いま、「靖国」を問う意味
「戦争のできる国」を目指す安倍政権のもと、いま靖国神社の存在が切実に問われている。国家が戦死者を追悼する意図は何か。私たちは「戦争と死」にどう向き合うべきか。靖国に抗する人々を追い続けてきた著者が根源から問う。

田中伸尚

928
パレスチナ 戦火の中の子どもたち
二〇一四年夏のガザで何が起こっていたのか。この六年にみたび戦火を経験した子どもたちは、日々をどう生きているのか。悲劇が繰り返される土地・パレスチナに二〇年以上通うジャーナリストが伝える現地の声。写真多数。

古居みずえ

927
原発避難者の声を聞く――復興政策の何が問題か
原発事故で強制避難地域となった福島県富岡町。町民らの声からうかがえる過酷な避難生活の実態とは。事故後から同町の調査を続ける著者らが、町民によるタウンミーティングをもとに、復興政策の矛盾を検証し、あるべき政策を問う。

山本薫子、高木竜輔、佐藤彰彦、山下祐介

926
「エネルギー自治」で地域再生！――飯田モデルに学ぶ
大企業が再生可能エネルギー事業を行う場合、電力供給システムの集権的な形は変わらない。再エネ普及で先進的な長野県飯田市を取り上げ、地元で再エネを担う重要性と、その中で住民自治力が育つことを指摘。今後の方向性を指し示す。

諸富徹

925
原発 決めるのは誰か
福島原発事故以前の原子力政策への回帰が進められている。政策を実際に決めているのは誰であり、本来は誰であるべきか。専門知識が求められる問題に、私たちはどう関わっていけるのか。科学技術政策のあり方を議論する。

吉岡斉、寿楽浩太、宮台真司、杉田敦

読者の皆さまへ

岩波ブックレットは，タイトル文字や本の背の色で，ジャンルをわけています．

赤系＝子ども，教育など
青系＝医療，福祉，法律など
緑系＝戦争と平和，環境など
紫系＝生き方，エッセイなど
茶系＝政治，経済，歴史など

これからも岩波ブックレットは，時代のトピックを迅速に取り上げ，くわしく，わかりやすく，発信していきます．

◆岩波ブックレットのホームページ◆

岩波書店のホームページでは，岩波書店の在庫書目すべてが「書名」「著者名」などから検索できます．また，岩波ブックレットのホームページには，岩波ブックレットの既刊書目全点一覧のほか，編集部からの「お知らせ」や，旬の書目を紹介する「今の一冊」，「今月の新刊」「来月の新刊予定」など，盛りだくさんの情報を掲載しております．ぜひご覧ください．

▶岩波書店ホームページ　http://www.iwanami.co.jp/◀
▶岩波ブックレットホームページ　http://www.iwanami.co.jp/hensyu/booklet◀

◆岩波ブックレットのご注文について◆

岩波書店の刊行物は注文制です．お求めの岩波ブックレットが小売書店の店頭にない場合は，書店窓口にてご注文ください．なお岩波書店に直接ご注文くださる場合は，岩波書店ホームページの「オンラインショップ」(小売書店でのお受け取りとご自宅宛発送がお選びいただけます)，または岩波書店〈ブックオーダー係〉をご利用ください．「オンラインショップ」，〈ブックオーダー係〉のいずれも，弊社から発送する場合の送料は，1回のご注文につき一律380円をいただきます．さらに「代金引換」を希望される場合は，手数料200円が加わります．

▶岩波書店〈ブックオーダー〉　☎ 049(287)5721　FAX 049(287)5742◀